Samuel Wilhelm Oetter

Gegründete Nachrichten von dem ehemaligen Burggräflich Nürnbergischen

und Kurfürstlich Brandenburgischen Residenzschloß Kadolzburg

Samuel Wilhelm Oetter

Gegründete Nachrichten von dem ehemaligen Burggräflich Nürnbergischen
und Kurfürstlich Brandenburgischen Residenzschloß Kadolzburg

ISBN/EAN: 9783743692428

Hergestellt in Europa, USA, Kanada, Australien, Japan

Cover: Foto ©ninafisch / pixelio.de

Weitere Bücher finden Sie auf **www.hansebooks.com**

Gegründete
Nachrichten
von dem ehemaligen
Burggräflich Nürnbergischen
und
Kurfürstlich Brandenburgischen ResidenzSchloß
Kadolzburg
zu besserer Belehrung
einer in Bamberg herausgekommenen
Deduction
mitgetheilet
von
Samuel Willhelm Oetter
Hochfürstlich Brandenburgischen Geschichtschreiber.

Erlangen,
bei Johann Jakob Palm, 1785.

Dem

Durchleuchtigsten Fürsten und Herrn

Herrn

Christian Friederich Carl

Alexander,

Markgrafen zu Brandenburg; in Preusen, zu Schlesien, Magdeburg, Cleve, Jülich, Berg, Stettin, Pommern, der Cassuben, und Wenden, zu Mecklenburg und zu Crossen, Herzogen; regierenden Burggrafen zu Nürnberg, ober und unterhalb Gebürgs; Fürsten zu Halberstadt, Minden, Camin, Wenden, Schwerin, Razeburg und Mörs, Grafen zu Glaz, Hohenzollern, der Marck, Ravensberg und Schwerin, Herr zu Ravenstein; der Lande Rostock und Stargard, Graf zu Sayn und Wittgenstein; Herr zu Limburg; 2c. 2c. Des löblich Fränkischen Craises Obrister und General Feldmarschall; Seiner Römisch Kaiserlich auch Königlich Preußischen Majestät, Majestät, respective General Major und General Lieutenant, auch Obrister über drei Cavallerie Regimenter 2c.

Meinem gnädigsten Fürsten und Herrn.

Durchleuchtigster Markgraf,
Gnädigster Fürst und Herr!

Vor etlich und dreißig Jahren ist Eurer Hochfürstlichen Durchleucht, noch als Erbprinzen, eine historische Arbeit unter dem Titel Kadolzburgisches Denkmal gewidmet worden, und da jetzt eine Schrift von eben diesem Ort, doch von einem andern Innhalt, an das Licht tritt: so wage ich es ein gleiches zu thun und selbige unter größester Ehrfurcht mit Höchstdero Namen zu zieren. Ich habe dazu die dringendsten Bewegungsgründe, welche mir gewiß Vergebung bewirken werden. Denn so klein diese Schrift ist: so wichtig ist doch ihr Innhalt und so genau gehet sie Höchstdenenselben an. Sie handelt von dem vornehmsten Ort in Eurer Hochfürstlichen Durchleuchtweitläuftigen Landen. Kadolzburg ist der uralteste Ort, welcher nebst den dazu gehörigen Land und Leuten von Höchstdero in Gott ruhenden Vorältern schon im zwölften Jahrhundert an das Burggrafthum Nürnberg ist gebracht und wodurch der Grund zur Grösse und Hoheit ihres Hauses ist mit geleget worden. Er ist auserdem der merkwürdigste Ort in beiden Fürstenthümern; weil er die höchste Ehre hatte einige hundert Jahre die Residenz Dero hohen Vorältern zu seyn und wo von Zeit zu Zeit so viele wichtige Dinge geschehen sind. Er ist noch auser dem auch deswegen der geehrteste Ort und der, wenn man ihn nur von Ferne siehet, schon Hochachtung verdienet, weil die Römischen Kaiser und Könige und so viele andere vornehme Herren so oft dahin gekommen sind und mit ihrer Gegenwart beehret haben; wie dieß alles in gegenwärtiger Schrift ist umständlich ausgeführt und wodurch Kadolzburg in seinen alten Glanz ist wieder hergestellt worden. Es gehet also diese Schrift Eurer Hochfürstlichen Durchleucht insonderheit an. Ja sie ist Dero Eigenthum. Wem konnte ich sie also anders als Höchstdenenselben vornehmlich widmen? Dazu kommen noch Eurer

Hoch=

Hochfürstlichen Durchleucht ausnehmende viele und hohe Gnadenbeweißungen gegen mich, welche dieß Unternehmen vor andern rechtfertigen, und schon längst in mir den Wunsch erregt haben öffentlich sagen zu können, wie groß diejenige Dankverpflichtung seie, die meinem gnädigsten Landesvater in reinester Ehrerbietung gewidmet ist. Welche Gnade und Ehre war es nicht für mich, da Eure Hochfürstliche Durchleucht aus höchst eigener Bewegung mich zu Dero Geschichtschreiber zu ernennen und zu bestellen geruheten! Eine Gnade, die in meinen Augen um so größer ist, da zu selbiger Zeit das hiesige Fürstenthum noch nicht auf Höchstdieselben gefallen war und da ich also auch noch nicht die Gnade hatte Dero Diener zu seyn, wie ich es jetzt zu meinem größten Glück und Ehre bin. Eine Gnade, die mich angespornt hat in der Geschichte des Burggrafthums Nürnberg unermüdet nachzuforschen, alles Dunkle möglichst in ein helles Licht zu setzen, Dero hohe Gerechtsame gegen die Gegner zu vertheidigen und noch mehr zu begründen, davon ich Proben am Tag gelegt habe und noch mehrere am Tag legen werde; so wie auch die gegenwärtige Schrift ein Beweiß davon ist.

Anderer

Anderer höchsten Gnadenbezeugungen nicht zu gedenken. Doch muß ich derjenigen gedenken, womit Eure Hochfürstliche Durchleucht meine Familie überschüttet haben, die ganz ausnehmend sind, die ich nicht genug rühmen und auch mit Worten nicht beschreiben kann. — Diese Schrift soll also ein schwaches Zeugnis ablegen, wie groß der Dank in meiner Sele für die mir erwiesenen höchsten Gnadenbezeugungen seie und wie hoch Alexander der Gütige von mir verehret wird. Denn diesen Namen, Alexander der Gütige, werden Höchstdieselben einmal in der Brandenburgischen Geschichte bekommen, so wie viele von Dero hohen Vorältern wegen ihrer vortreflichen Eigenschaften besondere Zunamen erhalten haben. Durch diesen Zunamen wird Eurer Hochfürstlichen Durchleucht ganze ruhmwürdigste Regierung besonders bezeichnet werden. Dadurch werden aber auch Höchstdieselben, wenn Sie längst zu Ihren Vätern versammlet sind, von der Nachwelt noch verehrt werden.

Ich schmeichele mir daher mit der süßen Hoffnung, daß Eure Hochfürstliche Durchleucht diese Schrift, so klein sie auch

auch ist, werden als ein öffentliches Opfer der Ehrfurcht in höchsten Gnaden anzunehmen geruhen, so wie meine andere gedruckten Kleinigkeiten dieß große Glük gehabt haben.

Dabei preise ich mein Vaterland und beide Fürstenthümer für glücklich, daß sie an Eurer Hochfürstlichen Durchleucht einen solchen vortreflichen Regenten zu verehren haben. Sie verlassen einmal diese Fürstenthümer (und Gott gebe! erst im höchsten Alter, wenn Sie dieses zeitlichen Lebens satt sind) Sie verlassen selbige in dem höchstbeglückteften Zustand, darinn sie sich seit einigen hundert Jahren nicht befanden.

Die höchste Vorsehung wird dafür Dero Tage vermehren, so wie sie selbige schon vermehret hat; denn von Dero hohen Voraltern und zwar von dem in Gott ruhenden Stammvater an, den Herrn Markgrafen Joachim Ernst glorwürdigsten Angedenkens, hat keiner die Jahre erreichet, die Eure Hochfürstliche Durchleucht jetzt schon erreicht haben und dieß scheinet eine Anzeige zu seyn, daß Dero Lebensziel weit hinausgestekt seie. Die höchste Vorsehung wird Dero Tage noch mehr wer-

** den

den laſſen. Sie werden als der letzte Zweig des Hochfürſtlich Brandenburgiſchen Hauſes in Franken noch lange grünen und erſt alsdenn verwelken, wenn Sie zur Ehre Gottes und zum Wohl des Landes nichts mehr thun können. Dieß wünſchen und erbitten auch von Gott alle Dero Diener und ſo viel tauſend Unterthanen. Dieß wünſchet und bittet von Gott inſonderheit derjenige, der mit vollkommenſter Ehrfurcht und tiefſter Erniedrigung iſt, nämlich

Eurer Hochfürſtlichen Durchleucht

unterthänigſttreugehorſamſter Diener
Samuel Willhelm Oetter.

Vorbericht.

Diese kleine Schrift hätte wol keine Vorrede nöthig. Ich war auch nicht willens eine vorzusezen. Aber die Druckfehler, welche darinn vorkommen und zum Theil den Verstand verwirren, fordern mich dazu auf. Diese werden sonst zu Ende einer Schrift angezeiget. Da aber nicht leicht ein Leser sich die Mühe gibt, die Druckfehler am Ende nachzusehen und zu verbessern: so will ich sie lieber vornen anzeigen. Von allen kann dieß nicht geschehen. Ich will nur die nöthigsten anführen und verbeßern.

Seite 12 lies zweimal Rapold statt Ropold. S. 16 Lin. 18. lies genannt statt genennt. S. 19 Lin. 2 lies verrichteten statt errichteten. S. 16 Lin. 22 ist das Wort seyn ausgelassen. S. 28 Lin. 8 fehlet das Wort unten. S. 29 L. 20 lies *superioritatis* statt *superiotatis*. S. 36 Lin. 8 lies Instrument statt Innstrument. S. 37 Lin. 20 lies gehöreten nicht zu den sehen, statt gehöreten wohl nicht zu sehen. S. 39 Lin. 14 lies wichtige statt richtige. S. 52 Lin. 2 lies seyn statt seysi. S. 55 L. 10 lies waren statt woran.

S. 87. stehet in einem Schreiben des Kurfürstens Albrecht an den Kaif. Friderich er wollte an dem Frühling (Frühling schrieb man nicht) des Herbsts Arzenei nehmen. Gar leicht könnte Jemand auf die Gedanken gerathen, es seye hier ein Fehler entweder im Abschreiben oder in der Buchdruckerei vorgegangen. Dieß ist nun nicht geschehen. Aber, wie schickt sich der Frühling zu dem Wort Herbst? Der Herbst fängt sich mit dem Monat September an. Diesen mus der Kurfürst gemeynet haben.

Vorbericht

haben. Denn sein Schreiben ist am Maria Magdalena Tag ausgefertiget und dieß war der 22. Julius. Mit dem Wort Früling kann er nicht auf das Frühjahr gesehen haben. Denn dieß schickt sich zu dem Herbst schlechterdings nicht. Also mus das Wort Früling hier in einer besondern Bedeutung genommen werden. Es kommt von früh her und ist so viel als das Wort mane oder tempus matutinum und Früling ist so viel als tempus matutinum totius anni. Sonst sagt man das Frühjahr. Da aber dieß Wort in oblgen Schreiben bei dem Herbst stehet: so komme ich auf die Gedanken, es mögte ehehin ieder Anfang eines Monaths Früling genennt worden seyn.

S. 97 Lin. 23 lies von Falkenhausen statt vom Falkenhausen.
S. 104 Lin. 15 lies wie in einem Hause, statt wie in seinen Hause.

Hierauf habe ich noch eine Anmerkung zur 76. Seite zu machen. Ich habe daselbst wider Gundling behauptet, daß Kadolzburg die beständige Residenz des Hrn. Kurf. Friderich I. gewesen seye und daß er nicht etwan im Sommer sondern auch im Winter sich daselbst aufgehalten hätte, und daß mit folglich diese Burg nicht sein LustSchloß, sondern seine beständige Residenz gewesen seye. Jetzt mus ich noch einen Umstand beibringen, wodurch dieß bestättiget wird. Im J. 1431. fertigte das Concilium zu Basel einige Geistliche als Gesanden an die Fürsten und Städte ab, welche an Böhmen gränzten, damit sie mit den Deputirten der Böhmen oder mit den Hussiten, die auf dem Weg waren, sich unterreden konnten, ehe sie nach Basel kämen. Diese Gesanden verfügten sich im Monath November zuerst nach München. Sodann kamen sie zu dem Herrn Markgrafen Friderich und darauf nach Nürnberg, wie dieß Wurstelsen in der Basler Chronic S. 258. aus zuverläßigen Nachrichten berichtet. Wo

war

Vorbericht.

war denn aber damals der Herr Markgraf? Das wird am angezogenen Orte nicht gesaget. Zu Nürnberg aber kann er sich nicht befunden haben. Denn dahin kamen die Gesandten, als sie schon bei ihm waren. Wo denn? Nothwendig mus er sich zu Kadolzburg befunden haben und da er sich im Monath November daselbst enthielte: so ist dieß ein Beweis, daß er auch im Winter dort residiret habe. Denn so spät im Jahr hielten sich die Herren auf ihren Lustschlössern nicht auf. Daraus folget aber auch, daß er für beständig zu Kadolzburg residirt habe.

S. 91 Lin. 5 lies eine Herzogin statt nur Herzogin.

Endlich habe ich bei der alten Aufschrift, welche an der Kadolzburg ehehin stunde und hier auf der Kupfertafel abgebildet ist, noch dieß anzumerken, daß ich glaube, sie mögte noch in den heidnischen Zeiten stylo lapidario verfertiget worden seyn. Es wird sie also niemand erklären können. Wenn meine Meinung gegründet ist und sie mus gegründet seyn, weil man in christlichen Zeiten keine solche Aufschriften mehr gemachet hat: so muß unsere Kadolzburg einen ältern Kadold zum Erbauer haben, als denjenigen, welchen ich angegeben habe. *) Mehr weiß ich nicht hinzu zu thun.

*) Mein gelehrter Freund, der Herr Maximilian Münch, Chorherr zu Rebdorf im Hochstift Eichstädt hat mir von dem Kadold, welchen ich für den Stifter unserer Kadolzburg hielte, aus einem Manuscript folgende Nachricht zu meinem besondern Dank mitgetheilet: *Annotationes historicae de Catoldo Monacho et Abbate Herridensi.*

Monumenta Herridensia anecdota sequentia de illo. Kadolzburg, in den alten Urkunden Chadolspurch, Chadelspurch, Cadoldespurc und nach der gemeinen Aussprache Carlsburg, ein uraltes Castrum. Ueber diese Worte commentiret nun ein neues Document folgender Maßen: Hic iam Catboldum habes, hominem praeditum, castri vtpote dominum, habes nobilem: quia nobilissimae familiae caput. Vixit

Vorbericht.

in seculo IX. ad finem vergente, et quidem haud procul a loco Hasenried (hod. Herriden) spectarunt adhoc castrum abs dubio bona in vicinia sita, adeoque ad fundationem monasterii aptissima. Habemus nomen certum ex castro, quod, vt minime dubito, a conditore nomen accepit. Verum, si quis reponat, vnde probas, hunc esse ipsum, de quo quaerimus, Catholdum Haserensem? Aio: ex nomine, castro, et reliquis qualitatibus, quae nostro Catholdo omnino conueniunt. Hunc ergo tamdiu in possessione manutenendum adfirmo, donec alius quisquam eiusdem nominis, et qualitatum sua eum sede deturbauerit. Equidem obiiciet fortasse quispiam: si Catholdus iste caput familiae Comitum de Andechs fuit, vxoratum vna fuisse oportet; atqui verisimile non est, eum post modo monachum induisse. Porro autem; si adstruatur: eundem Catholdum filium Arnulphi fuisse, aperte veritati historicae vim nos facere; filium enim patre natu maiorem statuere necesse tum erit:

Ego vero, quod primum argumentum attinet, sic facile respondeo: frequens scilicet eo tempore fuisse matrimonio primum iunctos postmodum monasticen professos esse. Sic plures Reges Angliae, Offa, filius Sigheri Regis, Edelredus, Ina Rex Westsaxonum, multique alii tum primorum, tum Inferiorum vtriusque sexus natalium institutum monasticum amplexi sunt. Atque haec ad primum. In altero libenter adsentior ob rationem adpositam eamque euidentem. Accedit huic, quod filius Arnulphi Ratoldus, non Catholdus vocaretur. Non itaque abs veri specie Catholdum nostrum conditorem, et dominum castri Catholdespurc statuero, qui idem non ab Arnulpho, sed alio illustri genere procreatus sit, an a Comitum de Andechs prosapia, an aliunde, aliis disquirendum relinquo. Facit nunc; vt priorem opinionem, pro Andecensibus stantem, probabilem indicem, quod S. Münsteras cuiusquam Comitis de Andechs tempore Caroli Martelli mentionem instituat, qui Ingolstadium inter Pfaffenhofium in proelio occubuit ex quo suapte illorum opinio concidit, qui Ratoldum, Arnulphi filium horum comitum protoparentem faciunt.

Erster

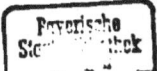

Prospect des alten Burggräflichen Residenz gegen Abend.

L. G. Uelin del.

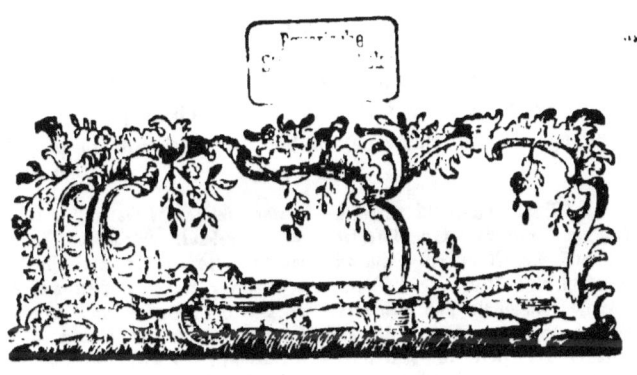

Erster Abschnitt.

§. 1.

Vor kurzer Zeit kam mir eine schon im Jahr 1774. in Bamberg herausgekommene Deduction unter die Hände, eine Deduction dergleichen vielleicht noch nie an das Licht getretten ist; denn sie ist, ohne die vielen Beilagen, 427. Seiten stark, und hat diese Aufschrift: Die durch die allgemeine teutsche und besonders Bambergische Geschichte aufgeklärte, dann auch durch iene von denen Römisch teutschen Königen und Kaisern verliehenen GnadenUrkunden bestättigte, nicht minder durch die ohnverwerflichsten ReichsGrund und andere so wohl ohnmittelbar als mittelbar ausgetragene Gesetze unterstützte und gegen die im Jahr 1771. neuerlich hervorgetrettene Hochfürstlich Brandenburgische vermeintliche Deduction, standhaftest vertheidigte LandesHoheit des Kaiserl. Bist- und Fürstenthums Bambergs über den Markt

A Flecken

Flecken 1) und das gesammte Amt Fürth mit Beilagen a Num. 1. usque ad Num. 172. incluſiue, darüber ich nothwendig eine Prüfung anstellen muß. Denn der Herr Deducent 2) hat es darinn

1) MarktFlecken ist vermuthlich ein Druck oder Schreibfehler. Es muß Markt heißen. Ein anderes ist eine Mark, das ist eine Gränze, ein Wald und mehreres. Aber ganz ein anderes ist ein Markt oder wie in den alten Urkunden stehet Market. Die Lateiner sagen mercatus. Ich glaube nicht, daß die Deutschen ihr Market von den Lateinern entlehnet haben. Es kann umgekehrt seyn. Man hat eine Menge lateinische Wörter, welche von den Deutschen genommen sind. Bei dem Wort mercatus kann ein gleiches geschehn seyn. Die Deutschen hatten schon in den urältesten Zeiten ihre Markete, besonders in den Wäldern, wo sie um des Gözendienstes willen zusammen kamen, und schon ehender, als die lateinische Sprache entstund. Ein MarktFleck aber ist ein Dorf, welches vom Kaiser Markt Gerechtigkeit oder die Freiheit erhalten hatte, wöchentliche und JahrMärkte halten zu dürfen. Durch dergleichen Freiheiten wurden solche Dörfer größer oder mehr angebaut. Wegen der Jahrmärkte, wo immer viel Volks beieinander war, mußten mehrere Wirthe, Becken und andere Handwercksleuthe an solchen Orten wohnen. Daher kamen solche Dörfer in Aufnahme oder sie wurden mehr angebauet. Mit Fürth hat es gleiche Beschaffenheit. Aber eine andere Bedeutung hat das Wort Hofmark.

2) Er heißt Herr Christoph Lorber von Störchen und war damals Lehrer des Staats und LehenRechts auf der hohen Schule zu Bamberg dabei auch wirklicher Hofrath und Ober Einnahms Director. Nachgehends wurde er zur Belohnung dieser verfertigten Deduction wirklicher geheimer Rath. Daß auch der vor wenig Jahren verstorbene Archivarius Heyberger an dieser Deduction Theil habe, das ist bekannt. Schade ist es für diesen Mann, daß er so frühzeitig gestorben und nicht mehr zum Druck beför-

darinn auch mit mir, oder mit der von mir herausgegebenen Burggräflich Nürnbergischen Geschichte zu thun. Ueberdieß hat er viele unrichtige Sachen vorgebracht. Diese Prüfung soll so bescheiden geschehen, so bescheiden er auch geschrieben hat. Sie soll aber nicht auf ein Mal geschehen. Auch will ich sie nicht in der Ordnung prüfen. Ich will bald diese, bald jene Stelle vornehmen. Jezt aber will ich mit den nöthigsten den Anfang machen, und ihre Unrichtigkeit zeigen. Ich will mit dem Ort anfangen, welcher Fürth, davon die Deduction handelt, so nahe lieget, und welcher ein Dorn in den Augen des Bambergischen Schriftstellers ist. Das ist nun Kadolzburg.

§. 2.

Ehe dieß aber geschiehet, muß ich erst einige Anmerkungen voraus schicken. Diese betreffen einmal den Titel dieser Deduction. Auf diesem wird das Hochstift Bamberg mit eingemischet, da es doch in Fürth, als weswegen die Feder hauptsächlich ergriffen worden, nicht einen einzigen Unterthanen hat und auch nie einen daselbst hatte. Was soll also das Hochstift Bamberg hier thun? Das Fürth aber, welches der K. Heinrich der Heilige soll dem Hochstift Bamberg geschenket haben, das gehöret gar nicht hieher, oder es ist ein anderes Fürth, als der heutige Markt Fürth. Es ist auch schon längst verkommen dieses Fürth, welches Schicksal so viele andere Orte auch hatten. Oder vielleicht

befördert hat. Er hatte die schönste Gelegenheit dazu, und seine herausgegebene und mir verehrte Ichnographia Chronici Babenbergensis Diplomatica ist ein Beweis, daß er auch genug Geschicklichkeit besaß, etwas tüchtiges zu liefern. Doch hat ihn der unbillige Tadel eines Journalisten abgeschreckt, weiter etwas drucken zu laßen. Requiescat in pace! Vielleicht holet sein Herr Sohn alles nach.

leicht hat es einen andern Namen bekommen; da es in Kriegs-
zeiten zerstöhret, und nachgehends wieder aufgebauet wurde.
Dergleichen Exempel gibt es mehrere. Daher bedaure ich sehr,
daß der sonst vortrefliche Herr Deducent zu mir das vergebliche
Vertrauen hat (§ 40.) (Ich weiß auch die Ursache, warum er
dieß Vertrauen hat) ich seie überzeuget, daß der K. Heinrich den
heutigen Markt Fürth an das Hochstift Bamberg geschenket hätte.
Dieß glaube ich nimmermehr und betheure es einstweilen hier an
Eldes Statt, bis ich hievon mein öffentliches Glaubens Bekenntnis
ablege. Vielmehr habe ich zu den großen Einsichten des Herrn
Deducenten das gänzliche Vertrauen, er seie in seinem Herzen
überzeugt, daß bleß das Fürth nicht seyn könne, welches der K.
Heinrich an das Hochstift Bamberg geschenket hat (wenn auch der
Schenkungs-Brief ächt seyn sollte,) besonders aus der Ursache,
weil dieß Hochstift nicht einen einzigen Unterthonen daselbst hat,
und ich kann auch nicht begreifen, wie er sich deswegen hat so
viele Mühe machen können. Nur die dasige Dompropstei hat zu
und um Fürth Zinnsleuthe und diese rühren nicht vom K. Heinrich, sondern von dem Burggräflich Nürnbergischen Hause
her. Aber, zur Dankbarkeit für diese Schenkung wird dieß hochfürstliche Haus beständig beunruhiget, und ich besorge, es möge
einmal eine Zeit kommen, wo diese Undankbarkeit werde nachdrück-
lich gerochen werden — Die Dompropstei aber mischet das
Hochstift nur deswegen mit in diesen unnöthigen Streit, damit
sie ihrer ungerechten Sache und diesen unnöthigen Streit ein Ansehen geben möge. Denn da diese Dompropstei keine hohe Jurisdiction in Fürth hat, und also auch selbige nicht kann exerciren
lassen: so mischet sie das Hochstift mit hinein. Es geschiehet dieß
aber auch deswegen, damit sie die Unkosten nicht allein bezahlen
dürfe. —

§. 3.

§. 3.

Die zwote Anmerkung, welche ich noch zu machen habe, gehet mich an. Der Herr Deducent schreibet S. 36. §. 34. also: „Hiebei wird uns Oetter nicht verargen, wenn wir zur Steuer der öffentlichen Wahrheit demselben ohnverhalten, daß jenes von ihm so überschriebene und ungedruckte Bambergische Privilegien Buch in dem diesseitigen Hochfürstl. Archiv eben so wenig, als in der Domcapitulischen Registratur, aller und vieler Zeit verwendeter Bemühung ohngeachtet, sich nicht vorfinde; Gesezten, aber je bannoch, in Gemäsheit des öffentlichen Trauen und Glaubens, diesseits niemals eingeständiger werden können den Falls, es wäre diese jenseits allzuübermäsig angerühmte, seyn sollende Sammlung deren Hochstiftisch- und Dom-Capitulischen Gnaden-Briefen in derjenigen Verhältnis, in welcher sie von dem Oetter behauptet werden will, etwa gar in Händen des Oetters (welches aber ihme, und seiner allenfallsigen Ueberkommungs-Quelle zur wenigen Ehre gereichen würde) vorfindig: so wird derselbe einem jeden, von Vorurtheilen ohnbefangenen Gemüthe von selbsten einräumen müssen, daß dieser angebliche Zusammentrag deren verschiedenen diesseitigen Begnadigungs- und Freiheits-Urkunden ein Privat-Werke derjenigen Leuten gewesen seyn, welche von ihren höchsten und hohen Herren Principalen nicht befehliget gewesen, derlei alte verbriefte Königlich und Kaiserliche Gnaden-Bezeugungen in ein sogenannten Auszug zu bringen, sondern sich nur etwa beschäfftiget haben mögten, ihrer desto geschwinderen Rückerinnerung halber, diese oder jene Sammlung fleisig, oder ohnfleisig, ganz, oder nur Stückweis zu fassen, wodurch auch aus einem weiters, je bannoch nicht zugegebenden Supposito, geschehen seyn könnte, daß ein, in der Schreib-Art des mittlern Zeit-Alters nicht genug erfahrner

Abschreiber, anstatt des Worts: Furti, Wurte, möge geschrieben haben."

Es wundert mich sehr, daß der Herr Deducent von einem Bambergischen Privilegien Buch nichts wissen will, da er doch ein solches Buch selbsten anziehet. Und wenn auch dergleichen Buch weder in dem Archiv des Hochstifts Bamberg, noch in der Registratur des Domcapitels anzutreffen ist: so besize ich es doch. Derjenige, welcher es verfertiget hat, muß die Bambergischen Urkunden in Händen gehabt haben; sonst hätte er ja dergleichen Arbeit nicht unternehmen können. Und dieß legt sich insonderheit dadurch zu Tage, weil sie mit den Originalien übereinstimmen. Und wie kann man die Existenz und die Richtigkeit eines Buchs läugnen? da es mit den beigebrachten Urkunden und mit Hofmanns Annalen genau übereinstimmet. Noch mehr wundert mich, wenn der Herr Deducent schreibet, daß die Ueberkommungs Quelle oder die Art und Weise, wie ich selbiges erhalten hätte, mir zu wenigen Ehren gereiche. Dieß heißt so viel: ich muß auf eine unrechtmäßige Weise zu diesem Privilegien Buch gekommen seyn. Oder noch deutlicher zu reden: ich muß es entwendet haben, oder ich muß jemand bestochen haben, solches zu stehlen. Denn sonst sehe ich keinen Weg, worauf ich hätte dazu kommen können, welcher mir nicht zu Ehren gereichet. Ich mußte es also in Bamberg entwendet haben. Freilich war ich in meinen jüngern Jahren von Erlangen aus oft in dieser Stadt und es gereichet mir noch immer zu größten Ehren, daß ich bei dem damaligen Weihbischoffe, Herrn Franz Joseph von Hahn, diesen großen Mann 3), einen öftern Zutritt hatte, und mit dem ich einige Jahre bis an sein Ende in einen litterarischen Briefwechsel gestanden

---

3) Er hat das berühmte Chronicon Gottwicense wo nicht ganz, doch größten Theils verfertiget.

den bin. Aber, ich kann darauf schwören, daß ich bei diesem Herrn nie etwas von einem PrivilegienBuch gehöret habe. Ich war auch oft in seiner herrlichen Bibliothek, wozu ich ihm viele rare Werke verschaffet habe; allein ich hatte kein cultellum flacicum bei mir und ich war auch niemals allein daselbst. Ueberdem wußte ich von einem Bambergischen PrivilegienBuch gar nichts. Ich lernte nur Bücher, die Römischen Antiquitäten und Münzen kennen, davon er die herrlichste Sammlung hatte und dazu er in Wien, wo er als geheimer Secretär bei dem ReichsviceKanzler, Herrn Grafen von Schönborn, nachmaligen Bischoffen zu Bamberg und Würzburg, auf eine leichte Weise gelangen konnte, und es ist ewig Schade, daß diese Sammlung ist so schändlich zerstreuet worden. Sonst kam ich außer dem Gasthof in kein Haus. Auch wurde ich sonst mit niemand bekannt. Daher konnte ich auch niemand bestechen. Ich muß aber doch den Weg anzeigen, auf welchem ich zu diesem PrivilegienBuch gelanget bin, und welches nicht zu meiner Unehre gereichet. Ich bekam selbiges aus Würzburg von einer gewissen Person und zwar ganz unerwartet, ohne daß ich selbiges begehret hätte, nebst andern Briefschaften. Und nun weiß der Herr Deducent, wie klar und hell die UeberkunftsQuelle seie, durch welche mir das Bambergische Privilegien Buch zugeflossen ist. Machet sie mir eine Ehre oder Unehre? Dabei ist mir doch höchst erfreulich, Gelegenheit gegeben zu haben, daß das Archiv zu Bamberg einmal seine Schäze aufgethan und mitgetheilet hat, und daß man nach meinen in der burggräflichen Geschichte gegebenen Exempeln hat Urkunden in Kupfer stechen lassen. Ob aber die Originalien aus einer guten Ueberkunfts Quelle gekommen seyen, das ist, ob der Kaiser Heinrich der heilige allemal etwas davon gewußt habe, wenn eine Urkunde ausgefertiget worden ist und ob sie alle das erweisen, was man vorgibt,

das

das ist eine andere Frage. Welcher verständige Mann kann glauben, (daß ich nur zwei Exempel anführe) daß das Fürth, welches dieser Kaiser an das Hochstift Bamberg geschenket, der heutige Markt Fürth seie? Und welcher verständiger Mann kann glauben, daß das Ergaltingen, welches auch diesem Hochstift geschenket worden, unser Erlangen seie? 4)

Zweiter Abschnitt.

§. 1.

Jezt untersuche ich, was in dieser Deduction wegen Kadolzburg vorgetragen worden. Denn dieser Ort mußte nothwendig mit hinein gebracht und angegriffen oder verkleinert werden, weil es die hohe Jurisdiction über Fürth hat, um welchen Ort willen die Feder ergriffen worden. So heißt es S. 211. §. 182. „Das heutige Haus Brandenburg hat aus der meranischen Erbschaft nur bona particularia und unter diesen das damalige JagdSchloß Cadolzburg, post extinctam qualitatem feudalem Bambergensem erhalten." Und abermals stehet S. 306. also: „wobei wir nicht ohnbemerkt lassen können, daß das vormalige JagdSchloß Cadolzburg ein Bambergisches Lehen gewesen, von welchem Lehensherrlichen Band die vormaligen Besizere

4) Zu diesem Irrthum ist der Herr Deducent durch den Herrn Heyberger verleitet worden. Dieser sagt in seiner erst angezogenen Schrift auch, das Ergaltingen seie, unser Erlangen. Künftig wird in einer eigenen Schrift gezeiget werden, daß dieß nicht wahr seie.

Besitzere durch die betrübte und bekannte Zeitläufte Deutschland sich loß gemachet und sodann sich unterwunden haben, solches jure allodiali zu besitzen. Und S. 334. wird dieß zum dritten Mal wiederholet, zum Anzeigen, daß dieß eine vollkommen ausgemachte Wahrheit seye. So heißt es: Cadolzburg ist, besage oben angeführter Aeußerung, als ein Mit-Bestand Gut des Bißund Fürstenthum Bamberg in ehevorigen Zeiten gewesen, sodann auch nach dieser widerrechtlichen Absonderung das, nach Ableben des lezten Herzogs von Meran unter den platten Namen eines Jäger-Schlosses bekannt gewesene und hiernächst per varias et singulares Adquisitiones Brandenburgicas zu einem Ober Amt erhobene Cadolzburg zu keiner Zeit dem Amt Fürth dominirend gewesen seye. „ Der Herr Deducent will hier drei Wahrheiten behaupten. Die erste: Kadolsburg seie ein JagdSchloß gewesen. Die zwote: dieß JagdSchloß hätte ehedem den Herzogen von Meran zugestanden und von diesem seye selbiges an das Burggräflich Nürnbergische Haus gekommen. Die dritte: Dieß JagdSchloß se.e dem Hochstift Bamberg zu Lehen gegangen; aber die Besitzer (dieß werden die Herren Burggrafen seyn sollen) hätten sich unterwunden, selbiges Iure allodii zu besitzen. Dieß sind aber lauter erdichtete Dinge und man hat sie zum größten Nachtheil des hochfürstlichen Hauses Brandenburg ausgesonnen. Man kann aber leicht errathen, was der Herr Schriftsteller hiemit sagen will, nämlich soviel. Ist Kadolzburg ein JagdSchloß der Herzogen von Meran gewesen; ist es in dieser Qualität an die Burggrafen von Nürnberg gekommen: so kann es keine hohe Jurisdiction haben, und so kann auch Fürth nicht unter Kadolzburg stehen. Dieser Schluß ist aber grundfalsch, nachdem das vorhergehende offenbare Unwahrheiten sind. Und dieß soll nun handgreiflich gezeiget werden.

§. 2.

§. 2.

Ehe dieß aber geschlehet, muß ich zuvor von dem Ursprung dieser Burg etwas sagen. Und da fraget sichs am ersten: Woher sie ihren Namen bekommen habe? Die älteste Urkunde, worinn dieser Burg gedacht wird, ist vom Jahr 1157. und darinn wird sie Kadoldesburc genennet 1). Dieß ist die rechte SchreibArt. Daraus siehet man, daß dieß Wort aus Kadold und Burg zusammen gesezet seye. Kadold ist auch wieder aus Kad und Old zusammen gesezet. Was das erste Wort bedeute, das kann wol niemand sagen. Ueber das Wort Old aber habe ich an einem andern Ort schon meine Gedanken eröffnet 2). Kadold ist ein alter bekannter MannsName. Besonders war er in Baiern und Oesterreich sehr gewöhnlich, und wurden daselbst vornehme Personen damit beleget 3). Er verkam aber dieser Name, als man den Kindern die Namen der Heiligen geben mußte. Ein gewißer Kadold hat also diese Burg erbauet und sie nach seinem Namen Kadoldsburg genennet. Deswegen heißt sie auch in der angezogenen Urkunde Kadoldesburc. Denn die Sylbe es in der Mitte dieses Wortes bedeutet so viel als des. Also hieß jenes Wort so viel als des Kadold seine Burg. Die Buchstaben

1) Ich habe sie in dem ersten Theil der Baireuther wöchentlichen historischen Nachrichten S. 322 angezogen.

2) In der Schrift welche diesen Titel hat: Erklärung des Namens der hochfürstlichen Residenzstadt Onolsbach und anderer Orte, welche von den Bächen ihren Namen haben S. 25

3) So kommet in dem *Monument. Bai. Vol. III. pag.* 26. unter dem J. 1136. ein nobilis vir *Chadolt* zum Vorschein. Und *Vol. V. pag.* 414. stehet unter dem J. 1155. huius rei per aurem attractl ex nobilibus *Chadold de Sanebretesdorf* —

ſtaben c, ch, g und k wurden ehehin beſtändig mit einander ver⸗
wechſelt; nachdem die Mundart der Schrei er der Urkunden war.
Darum ſtehet hier Burc an Statt Burg. In Baiern lieget
ein Kadoldsdorf, welches auch ein gewiſſer Kadold erbauet
hat 4), und in den hochfürſtlich Brandenburgiſch Onolbachiſchen
landen lieget im Decanat Leutershauſen ein Kadolzhofen, wel⸗
ches ein Filial von Binzwangen iſt und deſſen erſter Anbauer gleich⸗
fals Kadold geheiſſen hat. Auſerdem iſt auch ein Kadolshofen
im Hohenlohiſchen bekannt 5). Iſt dieß nun wahr, hat ein ge⸗
wiſſer Kadold unſre Burg erbauet: ſo ſollte ſie auch Kadoldsburg
geſchrieben werden. Sie wird auch in andern Urkunden meiſtens
alſo geſchrieben. Doch gehet auch Kadolzburg an. Denn es
iſt bekannt, daß der Buchſtab z nicht alt, ſondern neu und aus
d oder t und s entſtanden iſt. Das z iſt demnach ſo viel ds
oder ts. Aber was ſoll das Wort Burg bedeuten? Es bedeu
tet einen mit Mauern, Gräben und Thürnen beveſtigten Ort, zu
dem man nicht leicht kommen kann. Es bedeutet dieß Wort bis
weilen auch eine Stadt. Hier aber iſt es ſo viel als ein beve
ſtigtes Schloß, oder was man ſonſt eine Veſte oder Veſtung nen
net. Daher wird dieſe Burg in den Urkunden auch eine Veſte
genennet. Ein gewiſſer Kadold hat alſo daſelbſt ein Schloß ge
bauet, damit er ſicher wohnen könnte. Aber wer war dieſer Ka
dold? Er wird in dem Kadolzburgiſchen Denkmal für den erſten
Grafen von Andechs in Baiern ausgegeben, von dem die Herzo

B 2 gen

4) Dieß findet man im ange
zogenen Mon. Bai. Vol. I. pag 23
allwo unter dem Jahr 1140. zu
Ende ſtehet: huius traditionis te
ſtes ſunt per aurem tracti: Adal
pert de Kadoltsdorf —

5) Dieß Kadolshofen komme
im zweiten Theil der Hohenlohi
ſchen Kirchenhiſtorie des Herrn
Wibels zum Vorſchein, davon
man das Regiſter nachſehen kann.

gen von Meran abstammen; aber ohne allen Beweis. Und die Muthmaßung dazu ist auch ohne allen Grund. Weil Kadolzburg von den Herzogen von Meran soll auf die Herren Burggrafen gekommen seyn: so muß auch ein Herr aus jenem Haus diese Burg erbauet haben. So hat man geschlossen. Aber dieser Schluß ist falsch. Ueberdieß hieß der Stammvater der Grafen von Andechs nicht Kadold sondern Rapold. Und wenn Ihr angezogenen Kadolzburgischen Denkmal gesaget wird, daß der Name Kadold hätte können verschrieben und in Rapold verwandelt worden seyn: so ist dieß eine Muthmaßung, welche keine Aufmerksamkeit verdient. Nimmermehr ist auch dieß Schloß von den Herzogen von Meran an das Burggräflich Nürnbergische Haus gekommen, wie unten wird dargethan werden. Also ist auch jene Vermuthung völlig ungegründet. Man hat gar nicht Ursache den Erbauer unsres KadolsBurg von weiten herzuholen. Es findet sich ein Kadold in der Nähe. Unter den Carolingischen Kaisern lebte ein Kadold, welcher das Kloster Herrenried an der Altmühl gestiftet hat, wie der Kaiser Ludwig in einer Urkunde vom Jahr 833. bezeuget 6). Er lebte aber ehender, als diese Urkunde ausgefertiget wurde, wie man aus selbiger ganz deutlich ersehen kann. Von was für einem Hause er eigentlich gewesen seie, dieß wird niemand sagen können. Ein Herr vom hohen Adel aber war er gewiß. Das Hochstift Eichstätt hat einen Schuzheiligen, welcher auch Kadold heißet, und von dem man nichts zu sagen weiß 7). Ich aber

6) Also lieset man in Falkensteins *Cod. Dipl. Num. V.* pag. 11. qualiter quidam religiosus vir *Cadoldus* monasterium *Herrenried* novo opere in honorem Dom. Iesu Christi super fluvium Altmühl construi fecit — et res sibi proprias eidem monasterio contulerit —

7) Falkerstein führet im ersten Theil der Geschichte des Hochstifts

aber glaube, daß er eben derjenige gewesen seie, welcher das Kloster Herrenried gestiftet hat. Er mag mehrere Stiftungen zu dem Hochstift Eichstätt gethan haben. Er war ein andächtiger oder heiliger Mann. Deswegen nennet ihn der K. Ludwig, in angezogener Urkunde virum religiosum; so wurden diejenigen genennet, welche Klöster und Kirchen erbauen ließen. Aus dieser Ursache wird er von einem Bischoffen zu Eichstätt canonisirt und zum Schutzheiligen dieses Hochstifts angenommen worden seyn. Denn daß auch Bischöffe und so auch die Aebte haben in den ältesten Zeiten Heilige machen können, das ist eine ganz bekannte Sache 8). Und ohnfehlbar ist dieser Kabold eben derjenige, welcher unser Kaboldsburg erbauet hat. Er lebte in hiesiger Gegend und war allem Ansehen nach ein begütterter Herr. Folglich ist diese Burg sehr alt. Dieß bezeuget die alte Schrift, welche im ausern Zwinger des dortigen Schlosses in einem tiefen Gewölb in einem Stein eingehauen am 4. May 1700. gefunden worden

stifts Eichstätt S. 52. an, daß daselbst ein alter codex membranaceus anzutreffen seie, in welchem alle Schutzheilige dieses Hochstifts abgemalet, und unter jeden ein lateinischer Vers stunde. Darunter ist nun auch Kabold, unter dem dieser Vers stehet: Viscera peccati poscat medicina Katoldi. Falkenstein schreibet dabei in der Anmerkung, daß er nicht wisse, wer dieser Kabold seie. Er hielte ihn aber mit dem P. Gretser für einen Gehülfen des h. Willibalds. Ich aber halte ihn für den

Mann, für den ich ihn oben ausgegeben habe. Er war kein allgemeiner Heiliger, sondern nur ein Provinzialheiliger.

8) Den Beweis davon habe ich in der Schrift beigebracht, darinn ich die Frage untersuchet, Warum die Stilla Gräfin zu Abenberg bei der Stiftung der Peterskirche ihren Handschuh in die Höhe geworfen habe? in einem Schreiben an Herrn Maximilian Münch Chorherrn zu Rebdorf im Hochstift Eichstätt.

den 9). Man darf nicht glauben, wie einige vorgeben 10), daß dieß nichts bedeutende Characteres seien, welche die Bauleute zum Scherz dahin gesetzet haben. Nein! Nur Bilder machten sie zum Scherz an ihre Gebäude 11); dergleichen dasienige ist, welches man über den äuseriten Schloßthor zu Kabolzburg siehet, und auf der Kupfertafel abgebildet, wo ein Jud an einem Schwein sauget und der andere in den Hindern bläst. Und vielleicht soll das andere Schwein das goldene Kalb vorstellen, um welches die Juden getanzt haben. Die Vorstellungen sind von den Bauleuten zum Scherz gemachet worden. Aber Schriften durften sie zum Scherz nicht daran sezen. Und wenn dergleichen an alten Gebäuden anzutreffen sind: so wurden sie auf höhere Veranstaltung dahin gesezet, und hatten ihre guten Bedeutung. Folglich muß man dieß auch von der alten Kabolsburgischen Schrift sagen. Sie muß ihre gute Bedeutung haben und ohnfehlbar saget sie, wer diese Burg erbauet und in welchem Jahr dieß geschehen seye. Es sind dieß alte Runische Buchstaben welche etwas geheimes in sich haben. Es waren dieß aber Buchstaben der damaligen Gelehrten. Dazu ist ein Oedipus nöthig. Ohnfehlbar wurde diese Schrift an

9) Sie ist in den *novis litterariis circuli Franconici* bei dem zweiten Stück im Kupfer zu sehen und hier ist sie auf der Kupfertafel aufs neue abgebildet.

10) Als Falkenstein im dritten Theil der Nordgauischen Geschichte S. 138. Döderlein, ehemaliger Rector zu Weissenburg, hat im andern Stück der novorum Litt. Circuli Franconici pag. 90. seine Gedanken über diese Schrift mitgetheilet. Es ist aber mit allem nichts gesagt worden. Unten ist diese Schrift im Anhange zu lesen.

11) Dergleichen an dem Schloß in Stauf zu sehen ist, nämlich ein Kopf mit Eselsohren. Aber die daran stehende Schrift ist keine Erdichtung, wie Falkenstein am angezogenen Ort vorgiebt. Man siehet die Jahrzahl noch zum Theil, welche anzeiget, wenn jenes Schloß erbauet worden.

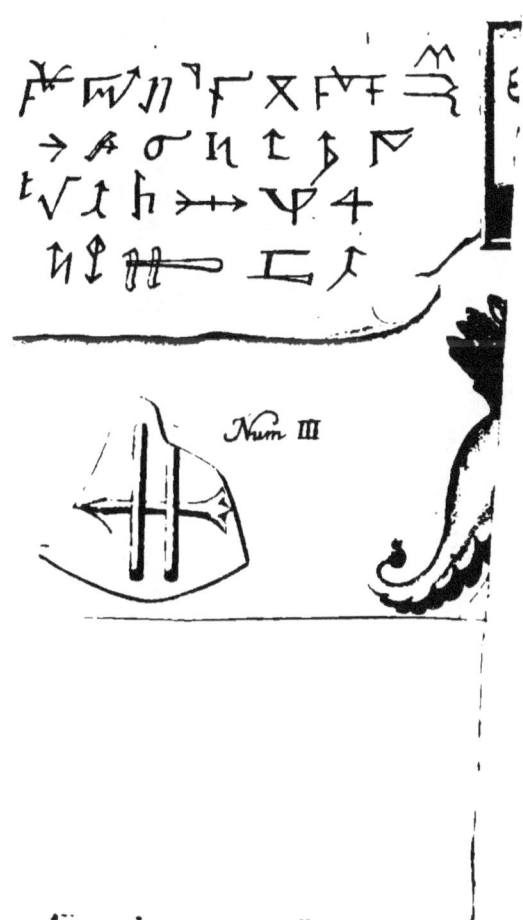

Num III

an das Schloß gesetzet, als es der Rabold erbauen ließ. Dieß Schloß mag in den ehemaligen unruhigen Zeiten zerstöret worden seyn 12), wie dieß Schicksal noch mehrere Schlößer erfahren haben, und als es wieder erbauet wurde mag man diesen Stein mit der Auffschrift, weil sie unverständlich gewesen, nicht geachtet und ihn an den unrechten Ort gesetzet haben. Noch muß ich bemerken, daß ganz unten am Schloß an dem Zwinger, der Kirche gegen über, ein Stein zu sehen ist, auf dem man einen nach alter Weise gelehnten Schild 13) und in demselben einen Pfeil siehet, welcher mit zween Balken, oder was es sonst seyn soll, belegt ist. Daß dieß des Rabolds Wappenbild vorstellen solle, will ich nicht behaupten. Auch kann ich in ganz Franken keine Familie finden, welche ein solch Wappenbild geführet hätte. Aber in Baiern war eine Familie, welche ein solch Wappenbild hatte, und sich Stöckel nennet 14). Vermuthlich stund dieß Wappen oder der Stein an einem andern Ort. Oder vielleicht hat die Person, welche bei
Er-

12) Vielleicht ist dieß zu Zeiten K. Lotharius geschehen. Zu dieser Vermuthung gibt mir dasjenige Anlaß, was der *Otto Frising. Lib. I. de Gestis Frid. I. Cap. 16.* berichtet: Rex Lotharius Fridericum Ducem fratremque eius persequitur. Cuius rei gratia *Castrum Noricum*, vbi praesidia posuerant et tanquam iure hereditario possidebant, adiuncto sibi Boemorum Vlrico et Baioariorum Henrico, obsidione clausit. Dux autem Boemorum, eo quod Barbari, qui cum ipso venerant, nec Deum timentes, nec hominem reverentes, omnia vicina de populando, nec etiam Ecclesiis parcerent, a Principe post aliquot tempus redire permissus. Vielleicht wurde auch Raboldsburg mit verheeret, weil es der Herr dieser Burg mit den Herzogen in Schwaben hielte.

13) Dieser Schild ist auf der Kupfertafel Num. 3. abgebildet.

14) Wie man in Speners *Historia Insignium* sehen kann.

Erbauung dieses Schloßes die Aufsicht hatte, selbiges mit Fleiß dahin sezen lassen.

§. 3.

Nun fraget es sich: hat denn der Kabold diese Burg blos zu einem JagdSchloß erbauet und haben es auch die folgenden Besizer als ein solches gebrauchet? wie der Bambergische Herr Deducent vorgibet. In gewißen Verstand waren alle Residenz Schlößer auch JagdSchlößer. Die Herren legten ihre Schlößer insgemein in den Wäldern oder nahe bei selbigen an; damit sie nicht weit zum Jagen gehen dürfcen; denn dieß war in Friedens- zeiten ihre Hauptbeschäftigung und übeten sich dadurch zum Krieg. Und deswegen waren alle ResidenzSchlößer der Herren, im weit- läufigen Verstand genommen, JagdSchlößer. In diesem Ver- stand war auch Kabolzburg ein JagdSchloß. Es war auch an einen Wald gebauet. Dieß beweiset der nahe Dillenberg. Noch mehr bezeuget dieß die heilige Heide, welche eine viertel Stunde von Kabolsburg entfernet ist. Hier stunde an dem Weg nach Fürth zu, ohnweit dem sogenannten Schafhofe, eine Kapelle zur heiligen Heid genennet. Diese Kapelle wurde in dem Jahr 1593. zum Theil abgebrochen und damit der Kirchthurn gebauet. Im Jahr 1609. wurde mit den übrigen Steinen die GottesAckerKirche daselbst erbauet 15); denn zu solchen Gebäuden müssen dergleichen Steine, nach dem geistlichen Recht, genommen werden. Die Stätte aber, wo diese Kapelle stund, wurde mit einem steinernen Kreuz bezeichnet. Dieß geschahe auch nach dem geistlichen Recht. Denn dieß verordnet, daß wenn eine eingegangene Kapelle abge- tragen würde, an deren Stätte sollte ein Kreuz gesezet werden.

Dieß

15) Wie der sel. Walther im Kabolzburgischen Denkmal S. 3. berichtet.

Dieß Kreuz ist zwar verkommen; es wird aber ein anders dahin gesetzet werden. Die Kapelle aber war dem heiligen Kreuz und dem heiligen Gilgen oder Egidius gewidmet 16). Das Kreuz wurde für ein Schuz wider alle Gefahr gehalten 17) und der heilige Egidius war einer von den vierzehen Nothhelfern. Die also auf die Jagd gingen, fleheten das Kreuz um Schuz wider alle Gefahr an; und da die Gefahr nicht alle Mal zu vermeiden ist: so wurde der h. Egidius um Errettung aus dieser Gefahr angeruffen. Ohnfehlbar gab es ehehin grimmige Thiere in diesem Wald. Doch können schon die wilden Schweine und die Hirschen einen Menschen in große Gefahr bringen. Bei dieser Kapelle wurde auch alle Jahre acht Tage nach Ostern eine Kirchweih und ein Jahrmarkt gehalten, wohin eine große Menge Volks kam, und welche Kirchweih die Kadolsburger noch begehen. Sie thun auch wol, daß sie dadurch das Andenken dieser merkwürdigen Kapelle erhalten. Warum hieß sie aber zur heiligen Heid? Das Wort Heid hat verschiedene Bedeutungen. Es bedeutet eine sumpfigte Ebene auf einer Höhe. Es bedeutet weiter ein Stück Land, welches man weder ackern, noch abgrasen kann und blos zu einer Viehweide gebrauchet wird. Es bedeutet aber auch einen in der Höhe gelegenen Wald. Hier findet nur die lezte Bedeutung Statt; davon man die Ursache gleich einsehen wird. Dieß war aber keine gemeine Heid, oder kein gemeiner Wald, sondern ein heiliger Wald.

16) Wie in des Herrn geh. Raths von Jung *Miscellaneis* Tom. I. pag. 155. zu lesen ist.

17) Deswegen nennt der bekannte Mönch Otfried das Kreuz Rusti, das ist, armatura, wider die Sünde. Es wurde aber auch für einen Schuz oder Rüstung wider die leibliche Gefahr gehalten. Jenes Wort kommt von rüsten, armare her.

Wald. Warum hieß er denn heilig? Nicht um der Kapelle willen. Denn diese stunde an oder in der Heid, und bekam daher ihren Namen. Um der Bäume und des Wildes willen wurde sie auch nicht so genennet. Heilig heißt eigentlich ein Ort, wenn er vom gemeinen Gebrauch abgesondert ist und wenn Gott seine GnadenGegenwart daselbst offenbaret. Dieser Name kommt noch aus dem Heidenthum her 18). Unsere heidnischen Vorältern hielten jeden Wald für einen Tempel. Sie glaubten, die Götter hielten sich zwar überall auf, aber vornehmlich in den Wäldern. Je düsterer und je fürchterlicher der Wald war, desto ehrwürdiger und heiliger war er ihnen. Deswegen hielten sie in den Wäldern ihren Gözendienst. Sie nennten auch die Wälder insgemein nach den Namen der Götter, die darinn verehret wurden. Dazu kam noch dieß. Unsere Vorältern begruben in die Wälder ihre Helden und Anführer. Sie glaubten ihre abgeschiedenen Seelen hielten sich in selbigen auf; denn sie hätten ein großes Verlangen bei ihren Leibern zu verbleiben. Und da sie ihre Anführer und Wohlthäter auch vergötterten oder unter die Zahl der Götter sezeten: so wurde ein solcher Wald, wo sie begraben lagen, göttlich verehret und also für sehr heilig gehalten. Eine solche Beschaffenheit muß es auch mit der heiligen Heid oder Wald zu Radolzburg haben. Ohnfehlbar liegt dort ein alter heidnischer Held begraben. Deswegen hielt man den Wald für heilig und verrichtete daselbst den Gözendienst. In den christlichen Zeiten bauete man eine Kapelle dahin; weil unsere Alten ihren Gözendienst

18) Der Cornelius Tacitus schreibet in dem bekannten Buch von Deutschland Kap. 40. est in insula Oceani castum nemus. Das Wort castum soll eigentlich gastum geschrieben werden. Die Buchstaben c und g wurden immer miteinander verwechselt. Gast ist ein altes deutsches Wort und bedeutet so viel als heilig.

dienst nur unter den Bäumen, insonderheit unter den Eichen und Linden errichteten. An Statt der Gözen widmete man diese Kapelle den Heiligen. Diese Heid wurde dem heiligen Kreuz, welches man für heiliger hielte, als die Heiligen selbst 19) und dem heiligen **Egidius** gewidmet und ihnen zu Ehren eine Kapelle erbauet. Aber deswegen wurde der Wald oder die Heid nicht für heilig gehalten und mit diesem Namen beleget. Nothwendig muß dieser Namen noch aus dem Heidenthum herrühren; weil die Kapelle von dem Wald ihren Namen bekommen hat. Sie heißt die Kapelle zur heiligen Heid. Wenn es aber hieße die heilige Kapelle zur Heid: so wäre es ein anders. Daher gab es in den christlichen Zeiten Wälder, die heilig hießen; obgleich keine Kapelle dabei stunde 20). Diese Kapelle muß aber in den ältesten Zeiten erbauet worden seyn; denn in einer Urkunde, welche unten zu lesen ist, wird gesagt, daß sie hätten die Voreltern des Herrn Markgrafens **Albrecht Achilles** errichten lassen, und wodurch vermuthlich werden seine Voreltern mütterlicher Seite zu verstehen seyn, als durch welche diese Kapelle nebst der Herrschaft Kadoltzburg an das Burggräfliche Haus gekommen ist. Deswegen führte auch die nachgehends errichtete Brüderschaft zur heiligen Heid 21) ein **goldenes Kreuz** und darunter das Insigne des h. Egidius, nämlich eine **Hindin** oder eine

---

19) Man darf nur die Legenden der Heiligen aufsuchen: so wird man finden, was für eine große Lobeserhebung von dem Kreuz gemachet wird.

20) So kommt in den *Scriptor. Rer. Boi. Tom. I. p. 757.* ein heilig Forst vor, der S. 761. *sacra Sylva* genennet wird. Dieß rührt noch aus dem Heidenthum her.

21) In einem Anhang soll die Ordnung dieser Brüderschaft mitgetheilet werden.

eine Hirſchkuh mit einem Pfeil durchſchoßen 22) welches auf der Kupfertafel abgebildet iſt. Dieß ſind nun ganz deutliche Beweiſe, daß die heilige Heid ehehin ein Wald geweſen ſeie. Und ganz gewiß haben die Beſizer der Kabolsburg beſtändig darinnen gejaget. Aber deswegen war dieſe Burg nicht ein bloßes JagdSchloß. Man kann dieß daher abnehmen. Einmal hat es der Bambergiſche Hr. Schriftſteller mit nichts bewieſen, daß dieß Schloß ein JagdSchloß und inſonderheit der Herzogen von Meran geweſen ſeye. Noch weniger aber hat er bewieſen, daß als dieß Schloß an die Herren Burggrafen gekommen, ſelbiges für ein bloßes JagdSchloß gehalten worden ſeye. Es iſt auch ſonſt hier-

22) Was dieß zu bedeuten habe, das erkläret eine zu Zeiten K. Ludwig des Baiern geſchriebene Legende von dieſen Heiligen alſo: Da vlohe Egidius weiter in ein Hole, (Höle) da war ein brunn bey. Da wart Sant Egidius der ſtat gar froh, das er ſolt alein da ſein vnd plaib an der Stat und dienet vnnſern Hern in manger herter vbung vnd abprechung ſeiner natur. Doch verſach in vnnſer Her gar gnetiglichen durch ſeiner Heiligkeit willen vnd ſchickt im alle tag ein Hinde, die pracht im ſein leip narung. Nu wolten des königs Karl Jeger eins mals wild vahen in dem walde vnd komen mit ire Hunde nahent zu dem Hole da Sannt Egidius innen wonet. Da ſahen die Hunt die Hinden die Sannt Egidio ſein narung pracht vnd lieffen der nach. Da vlohe die Hinde zu Sannt Egidio vnd legt ſich zu ſeinen fußen. Da pulten die Hunt die Hinden gar vaſt (ſehr) an. Das hort Sannt Egidius vnd bat vnnſern Hern das er im ſein Hinden behitt. Da jagten ſie der Hinden vaſt nach vnd konten er doch nymert vinden. Da komen die Jeger andern tags hin wider vnd wann dan die Hunt als nahent zu die Hole komen als ein ſtein wurff So furen ſie wider hinterſich als ob ſie ſich verprennt betten. Das nam die Jeger groß wunder vnd ſagten das dem konig. Da nahm der konig ein biſchoue mit im vnd kam des antern tags

hierüber nicht der geringste Beweis beizubringen. Er hat dieß nur ausgedacht, um unsre Burg recht klein zu machen. Und wenn auch Kadolzburg den Herzogen von Meran gehöret hätte (wozu aber nicht der mindeste Schein ist) so könnten sie es doch nicht als ein bloses JagdSchloß besessen haben. Es müssen nicht nur grosse Waldungen, sondern auch Land und Leute dazu gehöret haben. Sonst hätten sie sich dort nicht aufhalten können. Waren die Herzogen von Meran in Franken: so hielten sie sich meistens zu Blassenburg auf. Sie waren also von Kadolzburg weit entfernet. An einem so entfernten Ort aber lässet man kein JagdSchloß bauen, wo man nichts als die Jagdgerechtigkeit hat. Dieß wäre auch für die Herzogen in Meran die gröste Unbequemlichkeit gewesen, wenn sie um der Jagd willen

tags dar mit den Jegern. da thetten die Hunt aber als vor (vormals) vnd fure wider hintersich. Da ersah der Jeger einer die Hinden vnd schoß nach ir mit einem pheyl vnd er traff Sannt Eiglidium den lieben Heiligen vnd schoß im ein wunden in ein pein Vnd der könig ließ den weg rawmen zu dem Hole vnd ging er vnd der bischoue für das Hole. Da saß Sannt Egidius alein darinnen vnd war ganz rawch worden von vbriger grosser Herttigkeit vnd streuigkeit seins lebens, wann sein speis, was nuwrt (nur) wurtzeln vnd kraut. Da sah konig karl das er ein wunden hett vnd fragt in, wer im die wunden gemacht het.

Da sagt er im das man in geschossen hett. Da war dem konig gar lait vnd wolt im die wunden hailn lassen. Da sprach Sannt Egidius, es ist gotes wille das ich die hab. So wil ich die auch durch seinen willen haben, biewell ich lebe, wann er will so mag er mich wol hailen. Hier siehet man die Ursache, warum das Insigne des h. Egidius (leder Heiliger hat ein Insigne) eine Hinden mit einem Pfeil ist. Deswegen führte auch das Egidien Kloster in Nürnberg das Insigne des h. Egitius, wie man in des Herrn Hofrath Gatterers Geschichte des Holzschuherischen Hauses auf der 18ten Kupfertafel sehen kann.

sen hätten allemal so weit reisen müßen. Sie hatten um Blasſenburg und Baireuth genug zu jagen. Darnach acquirirte der hohe Adel nicht bloſe Wälder, ſondern auch Land und Leuthe dazu. Das muß auch bei Kadolzburg Statt finden. Hätten die Herzogen von Meran dieſen Ort acquiret und beſeſſen: ſo würden ſie ihn nicht als ein bloſes JagdSchloß mit einem Wald bekommen haben und noch weniger, da dieſer Wald ſo weit von ihnen entfernet war. Nothwendig müßten ſie Kadolzburg als eine Herrſchaft bekommen haben. Aber dazu iſt kein Schein da. Zweitens widerſpricht dieſem Vorgeben ſchon der Name dieſes Schloſſes. Es heißt eine Burg. Und es war auch von ihrem erſten Urſprung an eine Burg, wie ihr Name bezeuget. Sie war auch eine ſolche in der That. Sie iſt noch eine Burg oder eine rechte Veſtung nach alter Art; denn ſie iſt mit doppelten Gräben, Brücken, Mauern, Thürnen und Auſenwerken verſehen 23). Um der Jagd willen allein läßet man keine ſolche Burg bauen. Der Kabold hat ſie, wie ſchon gedacht, zu ſeiner beſtändigen Wohnung und zu ſeiner Sicherheit erbauen laſſen. Die JagdSchlöſſer durften eben keine Burge oder Veſten ſeyn; weil ſich die Herren daſelbſt nicht lange aufhielten, und vor dem Wild könnte man ſich zu Nacht ſchon auſſerdem in Sicherheit ſezen. Der Kabold hätte dieß Schloß auch nicht mit dem Namen einer Burg belegen können, wenn es hätte ein bloſes JagdSchloß vorſtellen ſollen. Drittens bezeuget auch die Lage dieſes Schloßes, daß es nicht zu einem bloſen JagdSchloß erbauet, oder dazu gewidmet war, daß es vielmehr urſprünglich oder vornehmlich ein Ort

---

23) Sie hat auch tiefe Gewölber. In dieſe wurden die Perſonen geleget, welche man in damaligen unruhigen Zeiten in einer Fehde gefangen bekam. Sie blieben ſo lange darinnen, bis ſie losgekaufet wurden. Manchmal mußten ſie darinnen ſterben.

Ort der Sicherheit und nicht ein bloses JagdSchloß seyn sollte. Der Kadold hätte es nicht an der Spitze des Waldes und an einem tiefen Thal erbauet; sondern vielmehr in der Mitte des Waldes. Er wollte aber sicher seyn; daher bauete er es an einen solchen Ort, dem man schwer beikommen konnte. Und gewiß war außer der Veste Nürnberg und der ehemaligen burggräflichen und jezt Kurbairischer Veste Rotenberg weit und breit kein so sicher gelegenes Schloß als Kabolosburg. Viertens bezeugen auch die vielen Unterthanen, welche zu diesem Schloße gehören, daß es kein bloses JagdSchloß gewesen seye 24), wie denn auch die heutige Stadt Langenzenn dazu gehörte. Denn so bezeuget das älteste Kaboldsburger Salbuch vom Jahr 1413. und welches allen Glauben hat: Kaboldsburg die Burg und Veste ist ganz der Herrschaft und darein gehören alle und jegliche hernachgeschriebene Güter, mit Namen die Stadt zu Langenzenn mit allen Eren, Würdigkeiten, rechten, gerichten, herrschaften, Wildban, vogtheÿ rc. zu dem Schloße Cabolzburg die nachgeschriebenen geistlichen Lehen von Gottes Gaben mit dem Kloster zu Langenzenn rc. Und dieß bestättiget sich daduch, daß als der Herr Markgraf Albrecht dem Ort Langenzenn im J. 1443. Stadtrecht ertheilte, er hinzu sezet: doch ausgenommen unser, unser Erben und Nachkommen unschedlichen an unsern fronen und diensten zu unsern Schloß Cabolzburg gehörende — Ein abermaliger handgreiflicher Beweis, daß Kabolzburg könne kein bloses JagdSchloß gewesen seyn! Blose JagdSchlösser haben nicht so viele Zugehörungen, als Kaboldsburg hat. Dieß ist nun ein handgreiflicher Beweis, daß ein Herr von hohen Adel müsse

24) Der Herr geheime Rath von Schüz hat in dem Corp. Dipl. Brandenburg. in der dritten Abhandlung S. 96. alle Orte namhaft gemacht, welche zur Herrschaft Kaboldsburg gehören.

müsse da beständig residiret und von diesem Gütter seinen Unterhalt genommen haben. Und was das vornehmste ist, diese Burg hatte auch Lehen und Dienstleuthe von der Ritterschaft, wie ich schon an einem andern Ort dargethan 25) und sie hatte auch ihre Burgmänner und Burggüter, wie ich gleichfalls bewiesen habe 26). Diese aber mußten alle Lehengüter von der Herrschaft Kadolzburg haben. Ein JagdSchloß aber kann weder Lehenleuthe, noch Burgmänner haben. Kurz zu sagen: Kadoldsburg machte eine große Herrschaft mit Land und Leuthen aus, und in dieser Qualität kam sie an das Burggräflich Nürnbergische Haus Zollerischen Stamms, und dieß muß ich jezt auf eine handgreifliche Weise zeigen.

§. 4.

Daß Kadolsburg zu Zeiten der Herren Burggrafen Zollerischen Stammes eine Herrschaft gewesen seie, das kann man daraus abnehmen, weil sie der Herr Burggraf Friderich im Jahr 1265. dem Stift Ellwangen zu Lehen aufgetragen und seine älteste Tochter Maria vermälte Gräfin von Oettingen hat sogleich damit belehnen laßen. Er gab Kadoldsburg dem Stift Ellwan-

25) Nämlich in dem zweiten Versuch der Burggräflich Nürnbergischen Geschichte S. 384. u. f.

26) Am angezogenen Orte. Wobei noch zu bemerken ist, daß Cunz Vembacher im Jahr 1432. ein Burggut im Verhof zu Kadolzburg hatte. Der Ort, woven sich dieser Kadolzburgische Burgmann schrieb, heißt eigentlich Vendebach und liegt in der Pfarr Hagenbüchach. Heut zu Tag schreibt man Fembach. Die von Vendebach waren die ältesten Vasalli Castrenses zu Kadolzburg; wie die oben Nota 29. angezogene Urkunde vom Jahr 1246. bezeuget. Als sie absturben, kamen die Spatznecker an ihre Stelle.

Ellwangen oder vielmehr den Patronen dieses Stiftes in Schutz, damit sich an selbige niemand vergreifen und die Gräfin von Oettingen nach ihres Vatters Tod desto sicherer und zu deren ungehinderten Besiz gelangen mögte. Es war aber noch eine Ursache, warum er dieß that. Er übergab seiner Tochter Kaboldsburg an Statt des HeirathsGut, welches er aber nachgehends bezahlte, als er männliche Erben bekam, und er mußte sie bekommen, weil die höchste Vorsehung beschloßen hatte, große Thaten durch seine Nachkommenschaft thun zu laßen. Hieraus kann man schon den sichern Schluß machen, daß Kaboldsburg könne kein bloses JagdSchloß gewesen seyn. In diesem Fall hätte er nicht nöthig gehabt, so sehr dafür zu sorgen. Er hätte sie dem Stift Ellwangen gewiß nicht zu Lehen aufgetragen und dieses hätte es als ein JagdSchloß nicht zu Lehen angenommen. Da er aber so sehr dafür sorget und es Ellwangen annimmt: so muß Kadolzburg von Wichtigkeit und mehr als ein JagdSchloß gewesen seyn. Und was kann es anders gewesen seyn, als eine Herrschaft. Dieß siehet man ganz deutlich aus dem UebertragungsBrief des Herrn Burggrafens und aus dem Revers des Abts zu Ellwangen, welchen er darüber ausgestellet hat, darinn der Zugehörungen gedacht wird, welche zu Kadolzburg gehöret haben. Dergleichen hat ein bloses JagdSchloß nicht. Zweitens mus Kadoldsburg deswegen eine Herrschaft gewesen seyn, weil der Herr Burggraf **Fridrich** seine Residenz von Nürnberg dahin geleget hat und sie die Residenz seiner Nachfolger einige hundert Jahre geblieben ist, wie unten wird dargethan werden. An ein bloses JagdSchloß verleget ein Herr von hohen Adel seine Residenz nicht. Noch weniger verleget man es aus einer Stadt dahin. Der Herr Burggraf muß da große Einkünfte und seine Bequemlichkeit gehabt haben.

D Noch

Noch deutlicher siehet man dieß drittens aus dem Stiftungs Brief des Herrn Burggrafens Friderich über die Frühmesse in der HofCapelle zu Kadoldsburg vom Jahr 1379. und welcher unter den Beilagen am Ende zu lesen ist. Dazu widmet er einmal einen Theil des Zehenden zu Göttelborf, der auf achtzehen Simra Getraid, Korn und Haber Kadolzburger Maas, jährlich güldet. Dieser Umstand ist wol zu bedenken. Kadolsburg hat ein besonderes GetraidMaas. Also muß es auch eine besondere Herrschaft gewesen seyn. Dieß FrüchtMaas haben die Besitzer von Kadolsburg bestimmet, und für wen? Nicht für sich auch nicht für die Innwohner von Kadolsburg. Denn damals wohnten an diesem Ort weder Bürger noch Bauern, davon die Ursache unten angegeben wird. Für ihre Censiten wurde dieß Maas bestimmt. Also müssen sie GültBauern gehabt haben, denen ein gewisses Maas vorgeschrieben war, nach welchem sie von ihren Feldern den Besitzern dieser Herrschaft jährliche Gült liefern müssen. Es muß dieß ein altes Getraid Maas gewesen seyn, welches die Herren Burggrafen so angetroffen haben. Denn hätten sie selbiges aufgebracht: so würden sie selbiges nach dem Maas ihrer andern Herrschaften eingerichtet haben. Da aber dieß nicht geschehen ist: so muß dieß ein altes Maas gewesen, welches sie so angetroffen haben. Aus diesem ist schon zu schlüssen, daß Kadolzburg müsse eine große Herrschaft gewesen seyn. Dazu kommt noch dieß. Er widmet zur Frühmesse ein Simra Korn und ein Simra Haber auf einem Gut zu Bronamberg und zwen TagWerk Wiesen an der Zenn bei Heimrichsdorf, oder wie es nun heißt Heinersdorf, gelegen. Dazu setzet der Herr Stifter, daß dieser Zehend, Gült und Wiesen bisher sein gewesen und zu seiner Herrschaft Kadolsburg gehöret hätte. Hier nennt der Herr Burggraf Kadolzburg selbst

eine

eine Herrschaft und da die Orte Göttelsdorf, Bronamberg und Heinersdorf darinnen lagen, diese aber weit von einander liegen: so kann man daraus abnehmen, wie weitläuftig diese Herrschaft müsse gewesen seyn. Dieß kann man viertens auch daher schlüssen. Der Herr Burggraf Albrecht der schöne verschrieb seiner Gemalin Sophia vier tausend Pfund Heller Morgengabe auf die Vestung Kadolzburg 27); Dieß war keine geringe Summe. Ein Pfund Heller machte im dreizehenden Jahrhundert zwei Thaler aus; aber in folgenden ohngefehr einen Thaler. Also waren dieß vier tausend Thaler 28). Es war dieß keine geringe Summe. Denn der Werth des Gelds war damals viel höher und der Werth der Sache viel geringer als heut zu Tag. Es folget hieraus, die Veste Kadolzburg müsse grosse Einkünfte gehabt haben, und wie könnte dieß seyn, wenn es ein bloses Jagd-Schloß gewesen wäre? Konnte denn von den jährlich geschossenen Wild so viel erobert werden? Ueberdieß hat der Herr Burggraf seiner Gemalin nicht alle Einkünften von Kadolzburg angewiesen. Nur obige Summe wurde ihr darauf angewiesen, und sie bekam jährlich die Interessen davon. Also muß Kadolzburg grosse Einkünften gehabt haben, und diese hätte sie nicht haben können, wenn sie nicht wäre eine Herrschaft gewesen. Endlich leget sich auch dieß aus dem Theilungs-Brief der Herren Markgrafen Johann und Albrecht zu Tage. Als ihr Herr Vatter Kurfürst Friderich I. mit Tod abgegangen war: so theileten sie sich nach seiner Disposition in die Fränkischen Lande. In dem

Thei-

27) Wie Hön in der Koburgischen Geschichte aus archivalischen Nachrichten S. 81. berichtet.

28) In den folgenden Zeiten wurde die Morgengabe in dem Burggräflich Nürnbergischen Hause erhöhet: dieß kam daher, weil es mehr Geld gab und der Werth der Sachen nicht so hoch mehr war.

TheilungsBrief heißt es unter andern: Zum ersten sezen, wollen und sezen wir, daß das Niederland zu Franken ein Theil sey, darinn die Herrschaften, Statt und Burg sind gelegen, mit Namen, Kadolzburg, Langenzenn, Roßtal ꝛc. Hier wird Kadolzburg zu den Herrschaften des Unterländischen Fürstenthums gerechnet. Also muß es eine Herrschaft gewesen seyn. Ja sie muß die vornehmste Herrschaft gewesen seyn, weil sie ganz oben anstehet, und davon die Ursache angegeben wird. Weiter stehet in diesem TheilungsBrief, was aber liegt in dem Theil darauf Kadolzburg ligt, das alles soll gehören und bleiben zu dem Niederland. Was ist denn hier Kadolzburg? Nicht die Veste Kadolzburg selbst. Es wird die ganze Herrschaft mit Land und Leuthen darunter verstanden. Diese ging bis an die Regniz, und hier war die Gränz Scheidung zwischen der Oberland oder Culmbachischen und Onoldsbachischen Landen. Also war die Herrschaft Kadolzburg von einem weiten Umfang. Folglich kann Kadolzburg kein JagdSchloß gewesen seyn.

§. 5.

Bedenket man alle diese Umstände: so wird man überzeuget daß der Bambergische Hr. Schriftsteller es sehr versehen, da er unsre Burg für ein bloses JagdSchloß der Herzogen von Meran ausgegeben hat. Sie kann es auch aus diesem Grund nicht gewesen seyn, weil die Herzogen unsre Burg niemals besessen haben. Ja! nicht ein Stäublein Land hatten sie in hiesiger Gegend. Folglich ist auch dieß grundfalsch, wenn er saget, dieß JagdSchloß seye zu einem OberAmt erhoben worden. Hieraus mache ich diesen wolgegründeten Schluß. War Kadolsburg eine Herrschaft; hatte sie, wie leicht zu begreifen, die hohe Jurisdiction; liegt Fürth so nahe, nur anderthalb Stunden von

Kadolz-

Kabolzburg; hatte das Burggräfliche Haus so viele Unterthanen an diesem Orte, welche der Burggraf Conrad der fromme oder der gütige an die Domprobstei Bamberg in Absicht der Gült und Steuer geschenket hat; war sonst kein Herr von hohen Adel, weder in Fürth noch in selbiger Gegend, als die Herren Burggrafen: so kann auch niemand die hohe Jurisdiction über Fürth ausgeübet haben, als diese. Und da dieß schon einige hundert Jahre geschehen ist: so müssen sie diese hohe Jurisdiction von Rechtswegen in Ausübung gehabt haben, und dieß nicht nur als Herren der Herrschaft Kaboldsburg, sondern auch als Burggrafen zu Nürnberg und als Kaiserliche LandRichter und also aus dreierlei Ursachen. Und dieß bestättiget sich dadurch, weil der Herr Markgraf Georg im J. 1528. den ersten Juden Namens Mendel und im J. 1535. wieder einen Namens Michel, welcher sehr reich war, dahin gesetzet hat; ohne daß weder das Hochstift Bamberg noch die Domprobstei hätte etwas darwieder sagen können, und ohne daß dieß Hochstift und die Domprobstei einen Juden daselbst gehabt hätten. Was beweißt nun dieß? diese unwidersprechliche Wahrheit. Juden einzunehmen ist ein actus superioratis territorialis. Nun hat der Herr Markgraf Juden in Fürth eingenommen, also war er daselbst Territorial Herr. —

§. 6.

Eben so falsch ist es auch, wenn dieser Herr Schriftsteller saget, daß Kaboldsburg von den Herzogen von Meran an die Herren Burggrafen in Nürnberg gekommen sein. Er hätte dieß schon aus dem zweiten Versuch der Burggräflich Nürnbergischen Geschichte lernen können. Da er aber dieß nicht thun mögen: so muß dieß hier noch handgreiflicher gezeiget werden. Einmal hat er dieß Vorgeben nicht erwiesen und es ist auch hierüber kein

kein einziger Beweis zu finden. Zweitens haben die Herzogen von Meran in hiesiger Gegend nicht das mindeste besessen. Drittens hatten die Herren Burggrafen diese Herrschaft schon eheneher, als die Herzogen von Meran im Jahr 1248. absturben. Und es besas diese Herrschaft nicht etwan der Burggraf Friderich, welcher die Herzogin von Meran zur ersten Gemalin hatte, es besassen selbige die Herren Burggrafen gemeinschaftlich, welche keine Brüder, sondern Vettern waren. Dieß ist aber der vierte handgreiflichste Beweis, daß diese Herrschaft nicht von den Herzogen von Meran herrühren könne. Daß aber die Herrschaft Kabolzburg schon vor dem Ausgang des Meranischen Hauses von den Herren Burggrafen besessen worden, und noch dazu von zwoen Vettern gemeinschaftlich, das lernet man aus einer Urkunde, welche der Burggraf Conrad der ältere im J. 1246. in Kabolsburg ausfertigen lassen, und wobei der Burggraf Friderich der jüngere genannt, als Zeuge vorkommt 29). In diesem

29) Ich will das nöthigste aus der Urkunde hieher setzen: In Nomine Domini Amen. C. Burgravius Senior de Nurenberch. Notum facimus omnibus. Quod cum Sifridus venerabilis Abbas et conuentūs de Ahusen Eiftetensis dyocesis, emissent prædium in - - - - - apud quandam ministerialem nostram, Adelheid videlicet de Aspack, ut ipsi emptio firmior esset immunis a fraude scrupulose cuiuslibet inpetitionis dicta matrona tradidit abbati et Conuentui ecclesiae memoratae prædium praelibatum iuxta consuetudinem prouincialem terrae illius, et hoc in foro Nurnberc iudiciali &c. nostrae quoque clementiae super hoc consensu requisito, intuitu Dei genitricis Mariae et animæ nostrae remedio dedimus ius eiusdem proprietatis quiete perpetuo possidendum — Hos igitur ad obuiandum litibus et iniuriis que possent in bonis supradictis cenobio sepedicti conuentus irrogari, presentem cartam de his fecimus Sigilli nostri ac testium munitam

sem Jahr und also ehe die Herzogen von Meran absturben, befanden sich zwei Burggrafen von Nürnberg in Kadolsburg. Der Burggraf Conrad läßet die Urkunde daselbst ausfertigen und der Friderich ist Zeuge dabei. Wer waren sie? Nicht Vatter und Sohn; denn dieß wäre in der Urkunde bemerket worden. Der Burggraf Friderich würde auch nicht unter den Zeugen, sondern oben bei seinem Vatter stehen. Er hätte auch seine Einwilligung zu dieser Handlung geben müßen, wie sonst geschehen ist 30). Auch nicht zwei Brüder waren sie; denn auch dieß wäre in der Urkunde angezeiget worden. Es waren zwei Vettern. Der Burggraf Conrad war der Vater des Burggrafen Conrad des Frommen, welcher die Commende Virnsberg gestiftet hat, und der Burgarof Friderich ist derjenige, welcher eine Herzogin von Meran zur ersten Gemalin hatte; wie ich schon an einem andern Ort dargethan habe 31). Diese zwei Herren waren also miteinander verwand.

30) Es sagt der Burggraf Conrad munitam perhennalter roborari. Datum *apud Kadolsbure*. Anno domini M. CCXLVI. XIII. Kal. Aprilis. Teftes autem huius rei funt *Fridericus Junior Burgrauius*. Ramungus de Kamerftein. Hiltoboldus de Grintela. Item *homines Burgrauii* Henricus de *Vndebach*. Sifridus de *Lebezingen*. Item Albertus et Cuardus monachi de Abafen. Virkus Faber, et Sifridus Seruientes eiusdem ecclefiae aliique quam plures, tam Spirituales quam Seculares.

Conrad der ältere einmal in einer Urkunde in dem ersten Versuch meiner Burggräflich Nürnbergischen Geschichte S. 307. Conradus Burgravius cum consensu Conradi filii noftri — Von dem Burggrafen Friederich, welcher damals noch lebte, wird in dieser Urkunde nicht gedacht. Dieß ist ein handgreiflicher Beweis, daß er kein Sohn des Burggrafens Conrad gewesen seye.

31) Nämlich in der Probe einer verbesserten Genealogie der Herren

Conrad der erste, Burggraf zu Nürnberg
Zollerischen Stamms.

Friderich I.	Conrad II.
Friderich II. sonst der Dritte genannt.	Conrad III. der Fromme oder der Gütige.

Der in obiger Urkunde mit vorkommende Burggraf Friderich war demnach des Bruggrafens Conrad Bruders Sohn. Diese zwei Herren befanden sich im Jahr 1246. zu Kadolsburg. Was machten sie da? Haben sie etwan einen Herzogen von Meran besuchet oder einen andern Herrn? Nein! In der Urkunde wird keines andern Herrn gedacht. Es hätte sich auch nicht geschickt, an einem fremden Ort diese Urkunde ausfertigen zu lassen. Es wäre schon Zeit gewesen, bis der Burggraf Conrad wäre nach Nürnberg zurück gekommen. Da der Burggraf Conrad vermöge dieser Urkunde thut, als wenn er zu Kadolsburg zu Haus wäre: so muß auch dieser Ort sein Eigenthum gewesen seyn. Und da der Burggraf Conrad keine Herzogin von Meran zur Gemahlin hatte: so kann er von diesen Herzogen die Herrschaft Kadolsburg auch nicht erhalten haben. Ohnfehlbar hatte der jüngere Burggraf Friderich auch mit Theil daran, weil er sich eben damals mit zu Kadolsburg befand. Ja, beinahe käme ich auf die Gedanken, daß der Burggraf Conrad die Herrschaft allein besessen und daß der Burggraf Friderich ihn damals nur besuchet hätte; wenn nicht ein Umstand im Wege stünde, welchen ich gleich am führen muß. In dem 1246. Jahre geben diese zwei Herren Burggrafen ihren Ministerialen und andern Lehenleuten die Erlaub-

reren Burggrafen in Nürnberg, welche im ersten Theil der wöchentlichen Baireuther Nachrichten anzutreffen ist. Es ist dieß auch aus vorstehender Anmerkung abzunehmen.

laubniß, an das Kloster Heilsbrunn Schenkungen thun zu dürfen 32). Diese zwei Herren müssen gemeinschaftliche Herrschaften in der Nähe von Heilsbrunn und darinn Ministerialen, Lehensleuthe und Unterthanen gehabt haben. Wo war diese Herrschaft, oder wie hieß sie? Sie hatten keine Herrschaft, welche dem Kloster Heilsbrunn näher lag, als die Herrschaft Kadolsburg, und die sich bis an dieß Kloster erstreckte. Sie hatten auch in selbiger Ministerialen und viele Unterthanen. Also besaßen sie diese Herrschaft gemeinschaftlich. Denn sonst hätte jeder Burggraf seine

32) So lautet die Urkunde, (welches die erste aber auch wichtigste Urkunde, welche man von den Herren Burggrafen in Nürnberg aufzuweisen hat) im ersten Versuch der Burggräflich. Nürnbergischen Geschichte S. 296. *Cunradus et Fridericus Dei gratia Burggrauii in Nurmberg* — scriptum capimus peruenire, quod quod propter amorem Dei et venerabilis *Edelwini* Abbatis et conventus Halsbrunnensis Monasterii licenciauimus (haben die Freiheit oder Erlaubniß gegeben) *uniuersis Ministerialibus* et *ceteris hominibus nostris*, vt libere conferant eodem monasterio Elemosinas suas de mobilibus et immobilibus suis bonis, ipsis Ministerialibus et hominibus nostris in extremis infirmitatibus vitae suae laborantibus — — — praeterea cum praelibato Abbate et conuentu concordare ac ipsos dilectionis intimae brachiis consouere cupientes, *omni iure nostro atque Dominio, quod nos in bonis eorundem et hominibus ipsorum in Amelradorf habere credebamur*, totaliter renunciauimus nihil prorsus et nos et heredes nostri iuris et potestatis in illis deinceps et in aliis bonis suis, quae iam possident habituri; porro in signum perhennis amicitiae inter nos et memoratum Coenobium conseruandae, dedimus saepefato Abbati et conuentui curiam nostram in *Nuisese* cum omni iure suo perpetuo possidendum — Testes sunt — *Milites Wernkardus, Arnoldus Dapiferi, Sigfridus de Lebezingen* — Acta sunt haec Anno gratiae MCCXLVI. Kal. May.

seine Einwilligung zu dergleichen Vermächtnissen allein oder insbesondere geben müssen. Oder es hätte sie nur der Burggraf geben können, welcher die Herrschaft Kadolsburg besaß. Da sie aber selbige gemeinschaftlich geben: so folget, daß sie die Herrschaft Kadolzburg auch gemeinschaftlich besessen haben. Und dieß leget sich noch durch einen andern Umstand zu Tage. In eben dieser Urkunde wird des Dorfs Amelradorf gedacht, welches das heutige Amerndorf ist. Dieß Dorf gehörte dem Kloster Heilsbrunn, worüber die Herren Burggrafen den Schuz hatten und welches deswegen Schuzgeld und Schuzhabern an sie jährlich liefern mußte. Denn mit dem Voigtrecht oder mit der Schuz und SchirmGerechtigkeit über ganze Klöster oder auch über einzele Dörfer und auch nur Grundstücke waren gewiße Abgaben an Geld und Naturalien verknüft. Diese Abgaben konnten die Schuzherren nachlassen und eben dieß thaten die Herren Burggrafen dem Kloster Heilsbrunn. Die Herren Burggrafen aber hatten den Schuz über dieß Dorf als Herren der Herrschaft Kadolsburg. Und dieß ist der zweite Beweis, daß diese beiden Herren Burggrafen die Herrschaft Kadolsburg gemeinschaftlich besessen haben. Aber noch ein Beweis hievon. Nach eben dieser Urkunde schenkten die Herren Burggrafen einen Hof zu Neuses an das Kloster Heilsbrunn. Und dieß Neuses liegt nicht weit von Amerndorf und gehörte folglich auch zur Herrschaft Kadolsburg. Hieraus folget dieß: Da der Burggraf Friderich, welcher des lezten Herzogs von Meran Schwester zur Gemalin hatte, die Herrschaft Kadolsberg nicht allein besizet; da auch sein Vetter der Burggraf Conrad mit Theil daran hat; da sie selbige besaßen, ehe die Herzogen von Meran abgestorben sind: so kann diese Burg auch nicht von diesen Herzogen herrühren 33).

Hier-

33) Damit stimmet auch der Herr geheime Rath von Jung, dieser

Hieraus folget aber weiter, daß die Herrschaft Kabolsburg nicht erst im dreizehenden sondern schon im zwölften Jahrhundert müsse an die Herren Burggrafen gekommen seyn.

§. 7.

Es ist nun überzeugend dargethan worden, daß die Herrschaft Kabolsburg könne nicht von den Herzogen in Meran herrühren. Ich mus aber doch zum Ueberfluß noch einen Beweis hinzuthun, welcher diese Wahrheit auser allen Zweifel setzet. Im J. 1265. hat der Buggraf *Fridcrich* die Stadt **Baircuth** und die Veste Kabolsburg dem Stift Ellwangen zu lehen aufgetragen, davon ich die Ursache im zweiten Versuch der Burggräflichen Geschichte angegeben habe. Baireuth nennet er keine Veste oder Burg, weil dort keine war. Die Herzogen von Meran hatten allba nur ein JagdSchloß an der Stätte, wo jetzt die Hochfürstliche Canzlei stehet. Denn sie hielten sich nicht lange in Baireuth auf. Vielmehr war der **Blassenberg** oder die heutige Vestung **Blassenburg** der Ort, wo sie ihre meiste Zeit zubrachten; weil es in selbiger Gegend angenehmer und gesunder war. Dieses JagdSchloß wurde aber deswegen dahin gebauet, damit die Herzogen von Meran nicht weit in die Kirche oder in die Messe zu gehen hatten. Denn ehe man auf die

dieser um das Fürstenthum Onoldsbach hochverdiente Mann, ein. Da ich die Ehre hatte mit ihm viele Jahre eine litterarische Correspondenz zu unterhalten und ich ihm einmal meine Zweifel vortrug, warum die Herrschaft Kabolsburg nicht von den Herzogen in Meran herrühren könne, antwortete er in einem Schreiben vom 15. Nov. 1768. hierauf also: Durch die angeführten Documenta von den Jahren 1157. und 1246. bekam ich so viel Ueberzeugung, daß Kabolsburg nicht unter die Meranische Erbschaft gehöre. —

die Jagd ging, mußten die Patronen der Jäger, nämlich der **Eustachius** und der **Hubertus** angeruffen werden. Es geschiehet auch noch bis auf den heutigen Tag. Aber deswegen war Baireuth kein bloses JagdSchloß. Vielmehr machte selbiges nebst den dazu gehörigen Ortschaften eine große Herrschaft aus. Die Stadt Baireuth sammt ihren Zugehörungen wurde dem Stift Ellwangen zu Lehen aufgetragen. In dem hierüber errichteten Innstrument wird mit deutlichen Worten gesaget, daß sie von den Herzogen von Meran herrühre 34) und diese Herzogen mußten absterben, damit das Burggräfliche Nürnbergische Haus vergrößert würde und immer größer werden konnte. Alsdenn wird nach eben dieser Urkunde auch Kabolsburg dem Stift Ellwangen zu Lehen aufgetragen; aber davon wird kein Wort gesaget, daß es auch von diesen Herzogen herrühre. Ist dieß Stillschweigen nicht der allerdeutlichste Beweis, daß diese Herrschaft nicht von den Herzogen vrn Meran an die Herren Burggrafen gekommen, und daß sie folglich auch von ihnen nicht besessen worden seie? Der Burggraf würde es nicht verschwiegen haben, so wenig er dieß von Baireuth verschwiegen hat.

§. 8.

Nun komme ich auf die lezte Unrichtigkeit, oder Fehler, welche der Bambergische Schriftsteller begangen hat. Er gibt vor, Kabolsburg, dieß angebliche JagdSchloß seie dem Hochstift

---

34) Hier stehet also: proprietatem oppidi *Baierrut* cum omnibus proprietatibus — quas *ex successoribus piae memoriae Ottonis illustris Ducis Meraniae* vel aliunde habuimus — et *castrum in Chadolspurch* cum omnibus proprietatibus — monasterio S. S. Martyrum Viti, Sulpicii et Serviliani in Ellwangen dedimus. —

stift Bamberg zu lehen gegangen. Und wo stehet dieß geschrieben? Nirgends. Der Hr. Deducent hat dieß nur erdacht oder ausgesonnen. Denn stunde dieß an einem andern Ort geschrieben oder wäre in dem Bambergischen Archiv hierüber eine Urkunde oder sonst ein Beweis zu finden: so würde er ihn nicht vorenthalten haben; ja, er würde ihn haben in Kupfer stechen lassen, wie er es mit andern Urkunden gemacht hat. Hieraus folget sicher: ist nirgends ein Beweis zu finden, daß Kadolsburg dem Hochstift Bamberg zu lehen gegangen und ist deswegen auch nicht die geringste Spur da: so hat der Bambergische Herr Schriftsteller Unwahrheiten vorgetragen. Kurz: dieß Vorgeben ist eine bloße Erdichtung. Und man hat diese Unwahrheit nur deswegen erdichtet, um zu zeigen, daß das hochfürstlich Burggräflich Nürnbergische Haus sich mit Bambergischen Lehen bereichert hätte. Oder auch deswegen kann man diese Unwahrheit ausgedacht haben, daß weil Kadolsburg ein Bambergisches Lehen ist oder seyn soll, also könne es auch die hohe Jurisdiction über Fürth nicht haben. Dieß wäre aber gar zu schön geschlossen. Dazu kommt noch dieß. Die eigentlichen JagdSchlösser gehöreten wol nicht zu lehen. Sie gehöreten vielmehr zu Allodien; weil sie die Herren auf ihre Kosten bauen ließen. Solche JagdSchlösser trägt man andern nicht zu lehen auf. Das Hochstift Bamberg hätte es sich auch nicht zu lehen auftragen lassen. Denn es hätte schlechte Ehre davon gehabt. Daß manches Hochstift und auch das Bambergische mag um Lehen gekommen seyn, daran ist wol nicht zu zweifeln. Es schadet ihnen aber solches nicht, weil es aufgetragene Lehen waren. Kadolsburg aber kann nicht darunter gewesen seyn; denn es lag dem Hochstift Bamberg viel zu nahe, als daß es hätte selbiges außer Augen kommen lassen. Und dieß Hochstift würde sich geregt haben, als der Herr Burggraf

Fride

Friderich im J. 1265. die Herrschaft Kabolsburg dem Stifte Ellwangen zu Lehen aufgetragen hat. Denn dieser Lehensauftrag gieng nicht so stille zu. Es kamen viele vornehme Personen deßwegen nach Kabolzburg und dieß machte Aufsehens. Und wäre sie schon dem Hochstift Bamberg zu Lehen gegangen: so würde der Herr Burggraf nicht nöthig gehabt haben, selbige einem andern Stift zu Lehen aufzutragen. Denn unter dem Hochstift Bamberg wäre diese Herrschaft so sicher gewesen, ja wol noch sicherer als unter dem Stift Ellwangen oder unter dessen Schutzheiligen, dem sie eigentlich zu Lehen aufgetragen wurde. Ein Heilliger, welcher auf Erden Kaiser wie Heinrich gewesen, der muß mehr zu bedeuten haben, als ein anderer Heilliger, welcher dieß nicht war. Der Herr Burggraf würde auch gesorget haben, daß seine Tochter bei seinen Lebzeiten wäre damit belehen worden. Da dieß nun nicht geschehen ist: so leget sich dadurch zu Tage, daß dieß Kadolsburg könne dem Hochstift Bamberg nicht zu Lehen gegangen seyn. Es ist dabei gewiß, daß die Herren Burggrafen Lehen von dem Hochstift Bamberg hatten, und diese kamen von den ausgestorbenen alten Burggrafen in Nürnberg und von den Grafen von Abenberg her. Man hat auch hierüber Lehenbriefe aufzuweisen, welche im zweiten Versuch meiner Burggräflich Nürnbergischen Geschichte zu lesen, worinnen die Lehenstücke aber nicht angezeiget sind. Kadolzburg war aber gewiß nicht darunter. Man kann dieß daher abnehmen. In dem Forchheimischen Vertrag, welcher zwischen dem hochfürstlichen Hause Brandenburg und dem Hochstift Bamberg errichtet worden, und welcher in der Bambergischen Deduction zu lesen ist, werden auch die Bambergischen Lehen in Erinnerung gebracht und selbige dabei namhaft gemachet; aber von Kadolzburg ist alles stille. Und aus dieser Stille kann man mit Händen greifen, daß diese Herrschaft

schaft kein Lehen von dem Hochstift Bamberg gewesen seye. Dadurch aber leget sich sonnenklar zu Tage, daß der Bambergische Herr Schriftsteller abermals Unrichtigkeiten vorgebracht und dadurch seine Deduction mit Fehlern sehr beflecket habe.

Dritter Abschnitt.

§. 1.

Da Kadolzburg der merkwürdigste Ort in dem Burggrafthum Nürnberg ist; da er den Herren Burggrafen in gewissem Betracht sehr vortheilhaft gelegen war; da er, welches besonders zu merken, von dem Jahr 1260. an, die ordentliche Residenz der Herren Burggrafen und nachmaligen Markgrafen zu Brandenburg bis auf den Herrn Markgrafen Albrecht, Achilles genannt, gewesen ist: so kann ich ihn noch nicht verlassen. Ich muß noch verschiedene richtige Dinge von dieser Burg beibringen. Und da muß ich am ersten untersuchen: von wem diese Burg und Herrschaft an die Herren Burggrafen gelanget seie? Die Herren Burggrafen haben so viele Orte, theils durch Kauf bekommen und theils zu Lehen empfangen. Man hat hierüber die Urkunde aufzuweisen. Aber über die Acquisition der Herrschaft Kadolzburg hat man nicht den mindesten Beweis aufzuzeigen. Ich glaube nicht, daß eine Urkunde hierüber verlohren gegangen seie. Es hat also seine guten Ursachen, warum hierüber nichts aufzuweisen ist. Nachfolgender Schluß hat gewiß einen Grund: Wenn über die Acquisition einer Herrschaft oder auch eines Dorfs kein Kauf oder Lehenbrief aufzuweisen ist:

so

so folget daraus, daß sie ererbet oder erheirathet worden seie. Nun hat man über Kadolsburg keinen Kauf oder Lehenbrief aufzuweisen; folglich müssen die Herren Burggrafen selbige er, heirathet haben. Aber von wem oder durch wen? Im ersten Theil der Baireuther wöchentlich historischen Nachrichten habe ich schon meine Gedanken hierüber eröffnet. Ich fand in einer Urkunde vom Jahr 1157. einen Helmericum de Kadoldesburg Ecclesiae Erlbacensis Advocatum und dieß ist eben die Urkunde auf welche ich mich oben schon beruffen habe 35). Diesen hielte ich

35) Die Urkunde, welche vom Original genommen ist, lautet im Zusammenhang also: Omnibus itaque tam praesentis quam futurae aetatis hominibus scriptis praesentibus significamus, qualiter *Nicolao abbati de Halesburnen* et monasterio suo quasdam decimas de parrochia *Erlebach*, consensu Otnandi *de Eschenowe*, qui eandem parrochiam in beneficium tenuit, et consensu sacerdotis Regenbodonis videlicet per *Helmerium de Kadoldsburc praedictae ecclesiae-advocatum*, lege comcambii, et iustae commutationis tradidimus ac deliganimus et de suo manso in Scusbach (Schusbach) pro praedio in villa Bullesheim tradidit. etc. Acta sunt haec dominicae incarnationis anno MCLVII. Indictione V. Regnante imperatore Romano Friderio. Anno secundo imperii eius *Bertoldo comite*.

In einer andern noch ungedruckten Urkunde vom Jahr 1164. welche abermals einen Tausch des Klosters Hailsbronn mit der Pfarr zu MarktErlebach in Ansehung der Zehenden betrift, kommt er das lezte Mal also zum Vorschein: consentientibus et conuentionem hanc approbantibus *Ludewico* et *Reginboldo* socerdotibus parochianis, nämlich zu MErlebach his etiam, qui parochiam eandem iure beneficiali a nobis (scilicet Henrico episcopo Herbipolensi) acceperunt et *Helmerico de Kadoltesburk*, etc.

Diese beiden Urkunden enthalten wichtige Wahrheiten, welche

ich für einen Dynasten oder für den Herren der Herrschaft Raboldsburg; weil die Advocaten 36) ehehin vom hohem Adel waren 37). Ich glaube, daß die Mutter des Burggrafs Friderich, welcher eine Herzogin von Meran zur Gemahlin hatte, mögte seine Tochter gewesen seyn, und daß dadurch diese Herrschaft
an das Burggrafthum Nürnberg gelanget seye. Da ich aber
nachgehends aus einer oben angezogener Urkunde lernte, daß
auch der Burggraf Conrad der ältere, der Vetter des Burggrafs Friderich, an dieser Herrschaft Theil hatte: so muß ich
meine

che aber hier nicht können angezeiget werden. Vielleicht geschiehet dieß in einer Chronick von
Markterlebach. Nur dieß will ich
bemerken, daß dieser Mann grad
zu der Zeit lebte, da das gräflich
Zollerische Haus zur Burggräflichen Würde in Nürnberg gelangte.

36) Die Advocaten mußten
die Kirchen und ihre Güter und
so auch den Pfarrer nebst seinem
Widem beschützen. Diese Güter
stunden nicht unter der Jurisdiction des Grafens. Sie waren
davon ausgenommen und nur die
KirchenAdvocaten hatten sie in
Besorgung. MarktErlebach war
ehehin noch dazu ein freyes Reichs-
Dorf, welches keinen Beamten
hatte. Daher ist leicht die Ursache zu errathen, warum diese Kir-

che einen besondern Advocaten haben mußte.

37) Und schon der Name
Helmericus zeiget etwas grosses
an. Er ist aus Helm und rich
zusammen gesetzet. Helm bedeutet
so viel als protectio und rich po-
tens. Heut zu Tage sagt man
reich. Daher ist der Name Helm-
reich entstanden. Helmrich bedeutet also Protectorem potentem,
oder einen mächtigen Beschützer.
Dergleichen Namen bekamen Personen vom niedrigen Stande nicht.
Nur vornehme Personen wurden
damit beleget. Daher findet man
einige fränkische Herzogen im fünften und sechsten Jahrhundert,
welche diesen Namen hatten. Die
Namen mußten damals mit dem
Stand der Personen übereinstimmen. Heut zu Tage ist es
freylich nicht mehr so.

F

meine Meinung nothwendig ändern. Seine Tochter kann auch nicht die Gemalin dieses Burggrafs Conrad gewesen seyn; denn sonst würde der Burggraf Friderich nicht auch Theil an dieser Herrschaft gehabt haben. Dieser Mann muß also im Namen eines andern Herrn zu Kabolbsburg gewohnet, und sich daher, wie gewöhnlich war, davon geschrieben haben. Man kann eine Menge Exempel aufweisen, da die Herren und ihre Ministerialen sich von einem Ort geschrieben haben. Man kann dieß auch aus folgenden abnehmen. In den Jahren 1223. und 1226. war ein Heinrich von Kadoldsburg Canonicus bei dem Gumbrechtsstift zu Onoldsbach 38). Dieser war gewiß nicht bürgerlichen, noch weniger eines niedrigen Standes. Denn in jenen Zeiten waren keine Bürger zu Kadolbsburg, wie nämlich die heutigen Bürger sind. Dieß kann man schon daher abnehmen, weil die Kadolzburger kein Gemein- und Waldrecht haben. Die meisten Innwohner zu Kadolzburg waren vornehme Personen, welche die Herren Burggrafen und nachmaligen Markgrafen zu ihrem Hofstaat und Bedienung nöthig hatten. Und ein Mensch von niedern Stand oder ein Leibeigener hätte nicht so leicht an jenes Stift kommen können. Nothwendig mußte dieser Canonicus vom Militär Stand gewesen seyn. Nach einer ungedruckten Urkunde, welche unten im Anhang zu lesen ist, hat im Jahr 1304. ein Rüdiger von Kabolbsburg seine Einkünfte in Sendelbach, in Dösbach, in Tüfenbach, seine Mühle bei Amelratdorf (Amerndorf) und Teberndorf an das Kloster Heilsbrunn geschenket. Dieß war auch kein schlechter Mann, weil er so viel wegschenken konnte

38) Wie der Herr Hofrath Stieber in der historischen und topographischen Beschreibung des Fürstenthums Onoldsbach. S. 277. berichtet.

te 39). Er muß nothwendig vom MilitärStand gewesen seyn. Unter dem Jahr 1333. kommt ein Heinbot von Kadolzburg vor 40) und dieser muß aus dem nämlichen Stand gewesen seyn. Und vielleicht stammen diese Personen vom obigen Heimreich ab. Da nun die Herrschaft Kadoldsburg nicht von ihm herrühren kann: so fraget sich, von wem sie denn an die Herren Burggrafen gekommen seye? Diese Herrschaft ist, wie schon erinnert worden, von dem Burggrafen Conrad und Friderich, zweien Vettern, im dreizehenden Jahrhundert gemeinschaftlich besessen worden. Hieraus ist der richtige Schluß zu machen, daß selbige ursprünglich nicht von ihren Vätern, sondern von ihren Großvätern herkomme. Und dieß ist Conrad, der erste Burggraf aus dem Zollerischen Hause, der glückliche Stammvater des höchsten Königl. Kur - und Hochfürstlichen Hauses Brandenburg. Die Grafen von Zollern waren in Franken nicht begütert. Sie gelangten erst durch Heirath dazu. Der erste Burggraf aus diesem Hause hatte zwo Gemalinnen. Die erste war die Tochter des Burggrafs Gottfrid, welche um das Jahr 1160. verstarb. Mit dieser erheirathete er auch die Herrschaft Rotenberg und andere, wie ich schon an einem andern Ort dargethan habe 41). Auf diesem Weg gelangte

F 2   dieser

39) Ein Consens zu dieser Verschenkung war von den Herren Burggrafen nicht nöthig. Ihre Ministerialen hatten schon lange die Erlaubnis an das Kloster Heilsbronn Schenkungen thun zu dürfen; wie die oben Not. 32. beigebrachte Urkunde bezeuget.

40) Wie bei dem Herrn Hofrath Stieber am angeführten Orte zu lesen ist.

41) In der Schrift, welche diesen Titel hat: Untersuchung der Frage, auf welchem Weg die Herren Grafen von Zollern zum Besiz des Burggrafthums Nürnberg gelanget seyen?

44

dieser Graf von Zollern auch zum Burggrafthum Nürnberg. Ein Burggraf in Nürnberg mußte auch nothwendig eigenthümliche Herrschaften bei der Hand haben, so, wie sie auch jeder Herzog haben mußte, und davon die Ursachen bekannt sind. Die Grafen von Zollern würden auch nimmermehr Burggrafen in Nürnberg geworden seyn, wenn sie nicht eigenthümliche Herrschaften in hiesiger Gegend gehabt oder durch Heirath erhalten hätten. Seine zwote Gemalin war eine Gräfin von Abenberg, und mit dieser bekam er die Grafschaft Abenberg und andere Herrschaften. Diesem Grafen hat auch die Herrschaft Kadolzburg ohnfehlbar zugestanden 42) und von denen sie an die Herren Grafen von Zollern und Burggrafen in Nürnberg gekommen ist. Würde das Hochstift Eichstädt die Gräflich Abenbergischen Urkunden, welche mit dem Verkauf dieser Grafschaft an selbiges gekommen sind, einmal bekannt machen: so würde man den deutlichsten Beweis hierüber erhalten.

§. 2.

Nun ist der besondere Umstand von Kadolzburg zu bemerken, daß es etliche hundert Jahre die Residenz der Herren Burggrafen und nachmaligen Markgrafen und Kurfürsten gewesen seye. Dieß habe ich schon im zweiten Versuch der Burggräflichen Geschichte vermuthet. Nun aber bin ich davon vollkommen überzeuget. Die Herren Burggrafen hatten

---

42) Damit stimmet auch der Herr geheimen Rath von Jung in einem an mich erlassenen Schreiben überein, und meldet dabei, daß die Beweise hierüber in dem Archiv zu Eichstädt anzutreffen seien; denn als die Grafschaft Abenberg an dieses Hochstift kam: so sind auch die Urkunden mit dahin gekommen, und sie liegen zu Eichstädt wol verwahret.

in Nürnberg ohnweit der Kaiserlichen Veste ihr Residenz-Schloß, welches mit Gräben und Thürnen wohl verwahret war; wie zum Theil noch zu sehen ist. Sie hatten gleich dabei ihre Lust- und andere Gärten, so wie auch ihre Oeconomie. Auch war von diesem Schloß eine herrliche Aussicht, und unter demselben hatten sie einen ThierGarten, welcher die Lust am Berge genennet wurde, und dergleichen ThierGarten oder mit Thieren eingeschlossenen Wald fast ieder Herr unter oder bei seinem Schloß hatte 43). Demohngeachtet erwählten sie das Schloß Kabolsburg zu ihrer Residenz. Aber weswegen? Das Kabolsburger Denkmal sagt (S. 65.) dieß seye um der Sicherheit willen geschehen; denn wenn die Herren Markgrafen mit denen von Nürnberg seyen in den Haren gelegen, hätten sie sich anhero gesichert. Es ist aber dieß gefehlt. In ihrer Burg zu Nürnberg waren sie so sicher, als zu Kabolzburg. Und zu der Zeit, als sie ihre Residenz dahin verlegten, lagen sie mit den Nürnbergern noch nicht in den Haren. Als aber diese Fehde anging und Kabolzburg ein ZufluchtsOrt seyn sollte, wurde sie von den Nürnbergern belagert, ausgebrannt und zerstöhret, so viel nur immer möglich war. Dieß geschahe in den Jahren 1388 und 1434. Das erstemal wurde diese Burg mit Feuer verbrennet 44) und das zweitemal wurde sie

F 3 auf

43) Dergleichen Wälder nennen die Engelländer Park. Daher kommt das deutsche Wort Pferch und welches einen eingeschlossenen Ort bedeutet. Die Deutschen setzen gar oft das f in ein Wort, wo es gar nicht hingehöret.

44) So berichtet die Nürnbergische Chronick in des Hrn. Hofr. Oefele *Scriptoribus Rer. Boi. Tom. I. pag. 325.* Anno Domini MCCCLXXXVIII. Dominica qua festum. B. Virginis Nativitatis celebratur, Narembergensis diffidarunt

auf eine andere Weise zerstöhret 45). Wie konnten die Herren Burggrafen hier sicher seyn? Die Ursachen, warum sie ihre

darunt Fridericum Burggravium, et duos suos filios Ioannem et Fridericum, et sequenti die videlicet feria secunda in mane Nurembergenses egressi cum mille Equitibus; et multo populo, plaustris et carrucis vecti, et aliis peditibus. Illo die obtinuerunt ciuitatem *Langenzem* (Langenzenn) cum multo insultu, quam exusserant. Plures tamen de ipsis Nurembergensibus Bombardis interierunt, et plures a muro deiecti, quorum tamen nullus interiit. Eodem etiam die plures villae incensae fuerunt. Eodem die Castrum *Altenbergk* (Altenberg bei Nürnberg) oder Zürndorf iidem Nurembergenses obtinuerunt, quod per unum miliare situatum erat, quod per decem annos in sua ditione habuerunt, post hoc ipsi Nurembergenses destruxerunt, et solo aequarunt, dein feria quarta obtinuerunt castrum *Schaienbergk* (Schauerberg) quod erat Burggrauii. Eadem feria iidem Nurembergenses exusserunt *Peirsdorff* oppidum (Marckt).

Eodem etiam die exustum fuit oppidum *Werda* contiguum ciuitati Nuremberg in quo erant multi *fullones*. Ex eo habuit annuatim VIII. C. florenos. Eo tempore exustum fuit oppidum Newenhoff, *pariformite:* et in *Kadeldspurg* multa incendio perierunt a Nurembergensibus. Simili modo et oppidum *Hasloch* (Burg-Haslach) in quo erat quidam Nobilis Vestenberger, exustum fuit.

Item feria secunda ante Katharinae Castrum *Diispurn* maximo insultu obtinuerunt Nurembergenses, in quo erant XXX. Equites, qui capti fuerunt, et unus de Meintal erat capitaneus, derselbig war Landrichter, cuius frater Purckhardus ictu interiit.

45) Wie dieß die angezogene Chronic und auf beregter Stelle S. 328. also berichtet: Anno MCCCCXXXIV. Norimbergenses obsederunt Castrum Kaltenburg (Kadolsburg) quod Bombardis deiecerunt. Daß dieß Castrum Radolzburg und hier verdruckt seye, das ist im Register dieses Werks bemerket worden.

47

ihre Residenz hieher verleget haben, sind eigentlich diese. Einmal rühret dieß von der Gewohnheit der alten Deutschen her. Diese sezten darinn einen Theil ihrer Freiheit, daß sie auf dem Lande wohnten, und nicht in den Städten lebten. Die auf dem Lande wohnten, galten auch mehr, als die sich in den Städten aufhielten. Sie wohnten aber auch deswegen so gern auf dem Lande, weil sie daselbst die Kriegsübungen, insonderheit aber die Jagd, als Vorbereitungen zum Krieg, desto besser abwarten konnten. Darnach richteten sich auch die Herren Burggrafen. Deswegen verlegten sie ihre Residenz nach Kabolzburg. Ob dieß mit Genehmhaltung des Kaisers geschehen sey, das kann ich nicht sagen. Nothwendig war dieß freilich. Aber, da in den Jahren, in welchen dieß geschehen, nämlich um das J. 1260 das grosse Interregnum oder kein rechter König in Deutschland war: so durfte auch niemand darum gefragt werden. Um diese Zeit verstarb der Burggraf Conrad der ältere und da ging eine Theilung mit den Herrschaften der Herren Burggrafen vor. Das Burggrafthum aber konnte an und vor sich selbst nicht getheilt werden. Der Sohn des Burggrafs Conrad bekam die Grafschaft Abenberg, die Herrschaft Virnsberg und einige Lehen. Und dieß war der Burggraf Conrad der Fromme oder der Milde. Der Burggraf Friderich aber, welcher die Herzogin von Meran zur Gemalin hatte, und der ältere Burggraf war, bekam das Burggrafthum Nürnberg und die Herrschaften Kabolzburg und Rotenberg, wo jezt eine Baierische Vestung ist, nebst andern Lehen und Güttern. Vormals war die Herrschaft Kabolzburg gemeinschaftlich. Nun aber bekam sie der Burggraf Friderich als sein Eigenthum ganz allein. Deswegen nennt er diese Burg in einer Urkunde vom Jahr 1267.

sein

fein Schloß (Castrum nostrum) 46), da es vorher von den Herren Burggrafen schlechthin Kadolzburg genennt wurde, wie aus der o en angezogenen Urkunde zu ersehen ist; Und nun, da diese Burg in den Händen des Friderichs allein war: so legte er von seinem Schloß zu Nürnberg seine Residenz dahin. Dieß ging um so ehender an, da Nürnberg nur vier Stunden von Kadolzburg lieget und das Burggrafthum Nürnberg an die Herrschaft Kadolzburg gränzet. Dieß that er aus angezogenen Ursachen. Hier hatte er alles. Er lebte in der Freiheit. Er lebte an einem sichern Ort. Er hatte die herrlichste Aussicht. Er konnte die Victualien für sich und seinen Hofstaat näher und bequemer bekommen. Und was das vornehmste war: so hatte er zur Jagd die beste Gelegenheit. Doch blieb das Burggräfliche ResidenzSchloß in Nürnberg deswegen nicht leer stehen. Es wurde ein Kastellan in dasselbe gesezet, welcher selbiges verwahren mußte. Er blieb auch immer Burggraf und hies sich auch nicht anders, und nicht von Kadolzburg; denn es war damals nicht gewöhnlich sich von zweien Orten zu schreiben. Zwar war gewöhnlich, daß wenn ein Herr seine Residenz veränderte und eine andere bezog, er auch den Namen änderte und sich nur von der neuen Residenz schriebe. Dieß thaten aber die Herren Burggrafen nicht. Sie schrieben sich immer Burggrafen von Nürnberg, ob sie gleich zu Kadolzburg residirten und dazu sie wichtige Ursachen hatten. Daß aber dieser Burggraf seine Residenz wirklich nach Kadolsburg verleget habe, dieß kann einmal aus der oben angezogenen Urkunde vom Jahr 1267. abnehmen. Vermöge dieser Urkunde tritt er seine Hofkapelle zu Nürnberg an den dasigen Abbten zu St. Egidien

ab,

46) In dem zweiten Versuch der Burggräflichen Geschichte S. 215.

ab 47), welches der Bischof Berthold zu Bamberg im Jahr
1268. bestättigte und machet den Abbten sogleich zu seinen vornehmsten

47) Der Schenkungsbrief lautet also: — — Nos Fridericus — — Dei gratia Burggravicus in Nuremberg — protestamur, quod ex communi consensu Elisabeth uxoris nostrae legitimae, monasterio S. Egidii in Nurenberch Capellam Sancti Othmari in castro Nurenberch in nostra residentia sitam, eo iure, sicut ab antecessoribus nostris ad nos est delata, in omni iure patronatus et singulis usibus, decimis, ortis, (hortis) arcis, et aliis redditibus acquisitis hactenus et perpetuo acquirendis, contulimus manu coadunata, ac donamus intime propter Deum. Eligentes nobis et posteris nostris Dominum Abbatem quicunque memorato monasterio praefuerit in Capellanum principalem, ita ut nobis nostrisque posteris, quandocies Nuremberch supervenerimus, nec non quamdiu ibi fuerimus, in saepe dicta Capella ab ipso Abbate vel monachis divina officia celebrantur, nobis vero absentibus tribus diebus in ebdomada a iam dictis monachis etiam in eadem Capella solemniter celebrentur

— — Et ne haec donatio donacionisque collacio a quoquam, quod non credimus infringi valeat, vel alias in arte aliqua infestari praesentes litteras conscribi fecimus sigilli nostri munimmine et uxoris praetensata cum subscriptis testibus videlicet

Domino Burehardo Abbate in Vrach (Mönchaurach)

Domino Friderico Decano in Cadelspurck

Magistro Eberhardo,

Conrado de Herzogenhofen

Friderico et Gotfrido militibus de Linthe

Hermanno et Friderico notariis roboratas.

Datum anno Domini M. CC. LXVII. quarto nonas Maii in Castro nostro Cadelspurck.

Bei dieser Urkunde muß ich eine Anmerkung anführen und sie beleuchten, welche der Herr Censusent von Völkern in der Histor. Norimberg. Diplom. pag. 162. gemacht

nehmsten HofCaplan 48). Dieser Umstand ist wol zu bedenken. Die Herren gaben die Kapellen, welche in oder bei ihren Residenz

macht hat. Sie lautet also: so daß der hiebei besonders mit angezeigte Consensus uxoris und das von einander unterschiedene Castrum Nuremberg und die eigentliche Residentia wo S. Ottmars Capelle gestanden, gleichfalls beträchtlich fallen. Billig muß man sich über diese Anmerkung wundern. Einmal muß man bedenken, daß die Hofcapellen zu den Allodien gehörten, weil sie die Herren von ihren Mitteln erbauen ließen und auch von ihren Mitteln begabten. Gleiche Bewandnis hatte es mit der burggräflichen Hofkapelle zu Nürnberg. Einer von den Herren Burggrafen hatte sie auf seine Kosten erbauen lassen und begabte sie auch mit Einkünften. Es kann auch seyn, daß die folgenden Herren Burggrafen noch mehrere Stiftungen dazu gethan haben. Also war diese Hofkapelle ein Eigenthum der Herren Burggrafen. Und unter dieser Qualität kam sie an die Herren Burggrafen Zollerischen Stamms. Sie kam als ein Erbstück auf sie. Deswegen sagt der Herr Burggraf sie seye ab antecessoribus suis auf sie gekommen. Er sagt nicht, daß sie von seinen Vorältern herkäme, sondern von seinen Vorfahren und damit siehet er auf die Herren Burggrafen, welche von einem andern Geschlecht oder Hause waren, welche aber die Herren Grafen von Zollern erbten, wie ich in der Schrift, auf welchem Weg die Herren Grafen von Zollern zum Burggrafthum gelanget sind, umständlich gezeiget habe. Da nun die Burggräfliche Hofkapelle ein Allodium war: so konnte sie der Herr Burggraf schenken, wem er wollte. Wäre sie ein kaiserlich Lehen gewesen: so hätte sie der Burggraf die kaiserliche Einwilligung dazu nöthig gehabt. Da aber diese nicht gesucht worden, wie man aus dem Schenkungsbrief deutlich abnehmen kann: so ist dieß der Beweis, daß sie ein Allodium war. Und daher kann man auch die Ursache errathen, warum auch die Frau Burggräfin ihre Einwilligung zu dieser Schenkung geben mußten. Die Communio bonorum unter den Eheleuten erforderte

den Schlößern waren, nicht in fremde Hände. Sie behielten selbige für sich und ließen sie durch ihre Hofkaplane versehen, als die ihnen immer zur Seite seyn mußten, weil sie die Feder führten.

forderte diese Einwilligung. Da dieß eine bekannte Sache ist: so will ich mich hiebei nicht aufhalten. Nur muß ich das andere bedenkliche in Betrachtung ziehen, welches dem nürnbergischen Herrn Schriftsteller aus obiger Urkunde beigefallen ist. Nämlich er hält es für bedenklich, daß das Castrum Nurnberg und die eigentliche Residentia, wo die Ottmars Capelle gestanden, von einander unterschieden seyn. Auch hier ist nicht das mindeste bedenkliche. Denn was ist das Castrum Nurnberg? Nichts anders als das kaiserliche Schloß. Dieß lag auf einem Berg, welcher Nürnberg hieß und über dessen Bedeutung ich künftig meine Gedanken vortragen werde. Daher hieß das kaiserliche Schloß castrum Nurnberg, wie dieß in vielen andern Urkunden mehr geschiehet. Es konnte auch das Burggräfliche Castrum dadurch verstanden werden; denn dieß lag auch auf den Nürnberg. Doch, da der Herr Burggraf in residentia nostra hinzu setzet: so will er dadurch sein Residenzschloß

von dem kaiserlichen Schloß unterscheiden. Residentia bedeutet nun das burggräfliche Schloß, welches noch stehet. Aber die Hofkapelle stunde nicht in dem burggräflichen Schloß, vermuthlich deswegen nicht, weil kein Platz dazu da war. Und auch diese Hofkapelle stehet noch, und zwar ohnweit dem burggräflichen Schloß. Wo ist nun etwas bedenkliches? Nicht das mindeste.

48) Der Abbt und das Egidien Kloster in Nürnberg stund unter der Jurisdiction der Herren Burggrafen; folglich war der Abbt auch ihr Caplan; so wie auch die Abbte zu Mönchaurach und Mönchsteinach dieß waren, und sich daher, wenn sie an die Herren Burggrafen zu schreiben hatten, sich so nennen, und wenn sie bei ihnen waren, Meße lesen mußten. Aber der Abbt zu St. Egidien in Nürnberg wurde zum ersten HofCaplan gemachet; weil er den Herren Burggrafen am nächsten war und dieß Kloster von einem Kaiser gestiftet wurde.

führten. Sie genossen die Einkünften der Hofkapellen; denn
keine konnte ohne diese seyn oder jede mußte einen Wildem an
liegenden Gütern haben. Eben dieß würde der Herr Burggraf
mit seiner Hofcapelle in Nürnberg gethan haben. Er würde sie
nicht in fremde Hände gegeben haben, wenn er beständig in
Nürnberg residiret hätte. Er würde sie vielmehr behalten haben.
Da aber dieß geschehen ist; da er sie weggeben hat: so ist dieß
ja ein handgreiflicher Beweis, daß er sich in Nürnberg nicht
beständig aufgehalten habe. Dazu kommt zweitens dieß, der
Abbt zu St. Egidien bekommt die burggräfliche Hofkapelle mit
dem Beding, daß, so oft der Herr Burggraf nach Nürnberg
kommen würde, er oder seine Mönche alle Mal eine solenne
Messe halten sollten. Hieraus folget unwidersprechlich: der Herr
Burggraf war nicht beständig in Nürnberg. Er kam nur manchsmal dahin. Er muß also an einem andern Ort sich aufgehalten
haben. Und wo kann dieß anders gewesen seyn, als zu Kadolzburg? Folglich muß diese Burg seine Residenz gewesen seyn.
Und er ist nur manchesmal, wenn es seine Burggräfliche Würde
erforderte, oder wenn er in Nürnberg Landgericht halten wollte,
oder wenn die Kaiser daselbst waren, nach Nürnberg gekommen.
Dabei muß drittens dieser Umstand in dem Schenkungsbrief
in Betrachtung gezogen werden. Der Herr Burggraf verordnet
weiter, daß wenn er in Nürnberg nicht gegenwärtig seyn sollte,
der Abbt in der Burggräflichen Kapelle wöchentlich dreimal sollte
eine feyerliche Messe halten; eben deswegen, weil es eine Burggräfliche Hofkapelle war. Hieraus folgt dieß: Der Herr Burggraf war nicht beständig in Nürnberg. Er war nicht nur auf
Reisen oder im Krieg, dadurch er von Nürnberg entfernet wurde. Er war auf eine andere Weise entfernet. Er residirte nicht
mehr da, sondern in Kadolzburg. Dieß bezeuget auch dieser

Um-

Umstand. Eine Kapelle, die ihren Widem hatte, durfte nicht leer stehen, oder der Gottesdienst durfte in selbiger nicht unterlassen werden und sie mußten ihren Prister haben, welcher den Gottesdienst versahe. So lange der Herr Burggraf in Nürnberg residirte, ließ er den Gottesdienst in seiner Kapelle durch seine Hofkapläne, oder wie sie sonst in den Urkunden heißen, durch seine Hofpfaffen versehen. Nun aber müssen ihn die Mönche des Egidien Klosters versehen. Warum denn? Damit die Burggräfliche Hofkapelle nicht leer stünde und der Gottesdienst nicht unterlassen würde. Folglich müssen die Burggräflichen Hofkapläne nicht gegenwärtig gewesen seyn. Sonst wäre diese Verordnung nicht nöthig gewesen. Und wo können sie anders gewesen seyn, als bei dem Herrn Burggrafen. Daher war auch dieser nicht gegenwärtig und nicht nur eine Zeit lang, sondern beständig. — Dieß erhellet viertens daher. Hätte sich der Herr Burggraf nur eine zeitlang in Kadolzburg aufgehalten; hätte er seine Residenz beständig in Nürnberg gehabt: so würde er seine Kapelle dem Egidien Kloster nicht geschenket haben. Er würde sie ihm nur eine zeitlang anvertrauet oder verordnet haben, daß in Abwesenheit seiner Kapläne die Mönche des Klosters den Gottesdienst versehen sollen. Da aber dieß nicht geschehen ist; da der Hr. Burggraf seine Hofkapelle weggeschenket hat: so ist das ein Beweis, daß er nicht mehr in Nürnberg, sondern in Kadolzburg residirte. Fünftens kann man auch aus diesem Umstand abnehmen, daß der Herr Burggraf nicht mehr in Nürnberg, sondern zu Kadolzburg residiret hat. Er schenkt dem Egidien Kloster das Ius Patronatus über diese Kapelle und alle Einkünfte an Zehenden und andern, darunter auch Häuser waren, darinn die Hofkapläne wohneten. Würde dieß aber der Herr Burggraf gethan haben, wenn er noch zu Nürnberg und nicht in Kadolzburg

burg residiret hätte? Diese Einkünfte und Häuser würde er lieber seinen Hofcapellanen gelaßen haben, als die ohnehin keine Besoldung an Geld hatten; aber die Zehenden waren dieß. Da nun aber dieß nicht geschehen ist; da der Burggraf auch die Einkünften seiner Hofcapelle verschenket hat, ist dieß nicht ein handgreiflicher Beweis, daß er nicht mehr in Nürnberg, sondern zu Kadolzburg residiret habe.? Dazu kommt sechstens dieß In der vormalig Burggräflichen Hofcapelle zu Nürnberg befinden sich alte Meß Gewänder, welche mit den Wappenbildern verschiedener Adelichen Familien bezeichnet sind. Aber keines ist darunter, welches mit dem Burggräflichen oder Zollerischen Schild bezeichnet wäre. Und dieß ist ein Beweis, das die Herren Burggrafen ihre Meßgewänder nach Kadolzburg bringen laßen und daß sie daselbst ihren beständigen Aufenthalt gehabt haben.

§. 3.

Hiebei ist dieß zu bemerken. Der Herr Burggraf Friderich hat die Residenz nach Kadolzburg nicht etwan auf eine Zeit lang, auch nicht für seine Person Zeitlebens dahin verleget. Für sich und für seine ganze Nachkommenschaft hat er dort die Residenz errichtet und sie blieb es auch etliche hundert Jahre. Dieß bezeuget die Schenkung der Hofkapelle an das Egidien Kloster zu Nürnberg auf das handgreiflichste. Wäre der Herr Burggraf Willens gewesen, nur eine Zeit lang, nur im Sommer oder auch Zeitlebens zu Kadolzburg zu residiren: so würde er seine Hofkapelle nicht weggeschenket haben. Er würde sie dem Egidien Kloster nur eine Zeit lang anvertrauet haben. Der Abbt würde durch seine Mönche haben für die Einkünften dieser Kapelle sie gern versehen laßen. Die Verschenkung der Burggräflichen Hofkapelle war keine Kleinigkeit. Es will viel sagen,

wenn

wenn ein Herr seine Hofkapelle mit ihren Einkünften und das Recht, selbige mit Geistlichen zu besezen, einem andern schenkt, und der nun keine Hofkapläne mehr bestellen und sie zu seinen andern Verrichtungen gebrauchen darf; da doch die Hofkapläne unentbehrliche Leuthe waren, weil sie überall die Feder führen mußten auch allein führen konnten und dafür sie weiter nicht besoldet würden. Daher erwählten sich die Herren solche Personen zu ihren Kaplänen, die mit der Feder wohl umgehen konnten; denn nicht alle Geistliche konnten dieß thun. Und die Mönche zu St. Egidien woran gute Schlemmer, welche der Hr. Burggraf zu der gleichen Dienst nicht gebrauchen konnte. Dieses Recht vergab sich aber der Hr. Burggraf; indem er seine Hofkapelle wegschenkte. Daraus folgt, er muß in Nürnberg auch keinen Hofkaplan mehr nöthig gehabt, und, er muß nun in Kadolzburg residiret haben. Ja er muß vest beschlossen haben, nicht eine Zeitlang sondern Zeitlebens in Kadolzburg zu residiren. Er muß weiter vestgeseset haben, daß Kadolzburg von nun an sollte die beständige Residenz seiner Nachfolger in der Burggräflichen Regierung seyn. Sonst hätte er die Hofkapelle in Nürnberg zu ihrem größten Nachtheil verschenkt. Dieß wird sich aber kein vernünftiger Mensch vorstellen können. Kurz zu sagen, diese Schenkung beweist, daß der Hr. Burggraf Kadolzburg für sich und für seine Nachkommenschaft zur beständigen Residenz ausersehn hatte. Und da in einem gewölbten Zimmer des alten Schlosses zu Kadolzburg nebst dem Burggräflichen Wappen auch das Sächsische anzutreffen ist: so lässet sich daraus schlüssen, daß der Hr. Burggraf Friderich zu Zeiten seiner zwoten Gemalin, welche eine Herzogen von Sachsen war, habe dieß Zimmer entweder neu bauen oder verneuen lassen. Sonst könnte ich keine Ursache finden, warum man das Sächsische Wappen in dieß alte

Schloß

Schloß gesetzet habe. Daher ist dieß Schloß wegen seines Alterthums würdig im baulichen Wesen erhalten zu werden; ob gleich niemand darinnen wohnet. Dabei mus man sich freilich wundern, wie die Hrn. Burggrafen mit ihren Gemalinen, Kindern und Hofstaat in einem Schloß wie Kabolzburg war, haben bequem wohnen können. Und noch mehr mus man sich wundern, wie die Kaiser mit ihrer Begleitung haben allhier Wohnung finden können. Ich meyne aber das alte Burggräfliche Schloß; denn das neue, welches der erste Markgraf zu Brandenburg aus dem Burggräflichen Haus hat neben das alte bauen lassen, siehet freilich besser aus und ist auch bequemer. Doch sahen die Residenz Schlösser anderer Herrn auch nicht besser aus, wie man an so vielen wahrnehmen kann. Auch das Burggräfliche Residenz Schloß in Nürnberg war nicht grösser und bequemer gebauet, wie es der Augenschein noch gibet.

§. 4.

Damit man aber noch mehr überzeuget werde, daß der Hr. Burggraf Friderich für sich und seine Nachfolger Kabolzburg zur beständigen Residenz erwählet und bestimmet hatte: so wird sich solches durch folgendes deutlich zu Tage legen. Einmal wurden zu Zeiten dieses Burggrafens daselbst die wichtigsten Handlungen unternommen. Zweitens besuchten die Kaiser und andere vornehme Herrn ihn alle Mal zu Kabolzburg und an keinen andern Ort. Drittens befand er sich mitten im Winter zu Kabolzburg. Wer diese drei Umstände bedenkt, der mus nothwendig überzeuget werden, daß der Hr. Burggraf Friderich in Kabolzburg beständig residiret habe. Jenes mus nun bewiesen werden. Im Jahr 1265. trägt er dem Abbten zu Ellwangen seine Herrschaften Baireuth und Kadolsburg zu Lehen auf und läset sogleich in Ermangelung männlicher Leibes Erben seine älteste Tochter Maria vermälte Gräfin

fin von Dettingen mit diefen Herrfchaften belehnen. Und dieß ge-
fchah zu Kabolbsburg 49). In dem hierüber errichteten Infru-
ment ſtehet nicht, daß dieß in Kabolbsburg geſchehen ſeye; aber
in dem von dem Abbten zu Ellwangen zu gleicher Zeit ausgeſtell-
ten Revers wird dies ausdrücklich bemerket 50). Nach dieſen Urkunden befande ſich damals zu Kabolbsburg gegenwärtig der Abbt
von Ellwangen nebſt ſeinen Begleitern, der Graf Ludwig von
Oettingen nebſt ſeiner Gemalin und Begleitern, der Graf Heinrich von Caſtell, ein Dynaſt von Hirnheim und ein Dynaſt von Haſeltingen, nebſt noch vierzehen Herren von Adel,
wie die Urkunden bezeugen 51). Warum gingen denn dieſe
wichtige Handlungen zu Kabolbsburg vor? Warum nicht lieber zu
Nürnberg? Muß nicht der Burggraf ſeine Reſidenz in Kabolbsburg
gehabt haben? Deß wird ſich durch folgendes noch mehr zu
Tage legen. Im Jahr 1267. bekam der Burggraf zu Kaboldsburg noch einen vornehmern Beſuch, nämlich von dem Kaiſerlichen
Prinzen

49) Den Beweis hierüber habe
ich im zweiten Verſuch der Burggräflich Nürnbergiſchen Geſchich-
te S. 350. beigebracht.

50) Wie am angezogenen Ort
S. 364. zu leſen iſt mit dieſen
Worten: Acta funt haec in Cha-
delspurck Anno Domini MCCLXV.
Quinto Kalendas Auguſti, Indictio-
ne VIII.

51) So ſtehet am angezogenen Orte S. 351. Huius rei teſtes funt Nobiles viri Ludwicus
de Otingen, Hainricus de Chaſtel,

Comites, Rudolfus de Hurnheim,
alta domo, Hermannus ſenior Ha-
heltingen, Herdegen de Grindelach, Hermannus de Stouſe, Fridericus de Brukkeberch, Chunradus
de Tanbe, Chunradus dapifer de Si-
benbrunne; Gerunger pincerna de
Oringen, Orthenger de Rechen-
berch, Vlricus et Chunradus dicti
Fricbones, Hainricus de Domo.
Arnoldus Dapifer der Sekendorf.
Hartungus de Chriven, Fridericus et Gotfridus dicti de Linthe,
milites, et alii quam plures.

Prinzen Conrabin König in Sicilien und Herzog in Schwaben 52) in Begleitung des Herzogs Ludwig in Baiern und anderer Herren 53). Und diese unternahmen zu Rabolsburg die wichtigsten Handlungen. Sie belehnten die Tochter des Burggrafens Maria Gräfin von Ottingen mit dem Burggrafthum Nürnberg im Falle, er ohne männliche Erben mit Tod abgehen würde. Es ist etwas besonderes, daß diese Herren zu dem Burggrafen nach Rabolsburg reisen und diese Belehnung vornehmen; da doch der Burggraf sich hätte deswegen zu ihnen begeben sollen. Doch es mag seyn, daß die Herren eigentlich nicht um dieser Belehnung willen nach Rabolsburg gereiset seyn, sondern deswegen um sich wegen der bedrängten Umstände des Conradins mit dem Burggrafen besprechen zu können; denn dieser Burggraf war ein eifriger An-

52) Daß ein Kaiser von dem Hohenstaufischen Hause iemals nach Rabolsburg gekommen seye, daran zweifele ich deswegen, weil auf dieser Burg damals noch kein Burggraf residirte. Doch mögen sie daselbst oft auf der Jagd gewesen seyn. Diese Kaiser und die Burggrafen waren Landsleuthe. Die Burggrafen waren ihre besondere Lieblinge, die ihnen fast nie von der Seite kamen. Dieß mag jene Kaiser öfters nach Rabolzburg gelocket haben; besonders, wenn sie in Nürnberg waren. Hier hatten sie nicht weit nach Rabolzburg.

53) Der Beweis hierüber befindet sich im zweiten Versuch der Burggräflichen Geschichte S. 507. und endiget sich also: Huius rei Testes sunt, Ludewicus Illustris Comes Palatinus Reni, Dux Bawariae. Ludewicus Senior Comes de Otingen, Hainricus Comes de Chastel. Dominus Vlricus de Wertperch. Hermannus de Hurnheim, et H. filios eiusdem. Wolframus advocatus de Dornberch. Herdegenus de Grindelach, et alii quam plures. Et ne super promissis aliquod in posterum possit dubium suboriri, presentes litteras conscribi fecimus et nostri Sigilli Karactere insigniri. Actum et Datum in Chadolsberg anno Domini MCCLVII. quarto die exeunte Maio. Indictione decima.

Anhänger und treuer Freund des Kaiserlich hohenstaufischen Hauses. Bey ihrer Anwesenheit wird sich der Burggraf diese Belehnung ausgebetten haben. Die Ursachen, warum diese beyden Herren diese Belehnung vorgenommen, habe ich in der Burggräflichen Geschichte angegeben. Doch mag auch dieses eine Ursache mit gewesen seyn. Nürnberg war ein Eigenthum des Kaiserl. Hohenstaufischen Hauses und deswegen konnte der Conradin diese Belehnung unternehmen; zumal da er immer Hoffnung hatte auch Römischer König zu werden. Da aber der Römische König Willhelm den K. Conrad IV. seinen Vater nicht nur seiner Lehen, sondern auch aller eigenthümlichen Herrschaften für verlustig erkläret und sie zum Reiche geschlagen hatte, und man nicht wußte, wie es mit dem Conradin noch gehen würde: so mußte, um den Burggrafen sicher zu stellen, auch der Reichsvicarius ins Mittel tretten und einen Lehenbrief der Gräfin Maria von Oettingen über das Burggrafthum auszustellen 54). Und so war sie auf alle Fälle sicher. Aber, warum sind diese Herren nach Kadolsbburg gereiset? Müßen sie nicht gewußt haben, daß der Burggraf daselbst und nicht in Nürnberg residire? Ohnfehlbar waren sie auch in Nürnberg. Sie laßen den Burggrafen nicht zu sich

---

54) Bedenket man diesen Umstand: so wird man mit dem Herrn Consulenten Prister zu Angspurg nicht nöthig haben zu sagen: Conradinus non ducalia solum sed et imperialia iura plane usurpando, plures actus illegitimos nulloque iure iustificabiles concepit. So schreibet er in der zu Helmstädt 1774. herausgegebenen Dissertation de civitatibus Imp. speciatim Vlma. Noch weniger hätte er nöthig gehabt, dasjenige, was Conradinus zu Kadolsburg unternommen, als offenbar nichtig angegeben. Man sehe hievon des berühmten Herrn Hofrath Meusels historischen Litteratur vierten Theil auf das Jahr 1780. S. 82.

kommen. Sie reisen lieber zu ihm nach Kabolbsburg und wollen ihn in seiner damaligen Residenz besuchen. Zu Zeiten des grossen Interregnums war der Hr. Burggraf meistens abwesend. Er hielte sich besonders oft bey dem Herzoge Ludwig in Baiern auf, wie so viele Urkunden bezeugen, daher finden wir zu dieser Zeit nichts, das in Kabolbsburg vorgefallen wäre. Als aber das Interregnum vorbey war, so bekam er im J. 1271. eine vornehmere Visite zu Kabolbsburg. Der Kaiser Rudolph kam dahin 55) und dieser wird, wie leicht zu erachten, noch viele andere Herren mitgebracht haben 56). Er ist noch dazu Zeuge, als der Burggraf eine besondere Belehnung unternahm. Warum reisete denn der Kaiser nach Kabolbsburg? Warum läst er den Burggrafen nicht lieber nach Nürnberg kommen? Er will den Burggrafen eine Ehre anthun und selbst zu ihm reisen; folglich muß Kabolbsburg die Residenz des Burggrafens gewesen seyn. In den folgenden

55) Den Beweis hievon habe ich im dritten Versuch der Burggräflich Nürnbergischen Geschichte S. 100. beigebracht.

56) Sie werden in der Urkunde nicht namhaft gemachet. Nur der Personen wird gedacht, welche bei dem Herrn Burggrafen waren. So lautet der Schluß der Urkunde: Acta sunt haec et data in castro nostro Kadelspurch IX. Kal. Ian. Anno Domini MCCLXX. quarto Testes autem huius rei sunt: Nobiles viri, Ludwicus Comes de Otingen: Hainricus Comes de Chastel, filii nostri. Milites, Arnoldus Dapifer de Hohenecke, Buchardus de Vendebach et filius eius. Hermannus de Lebezingen. Ramungus de Cammerstein. Dietericus de Willehelmsdorf, Arnoldus de Sekendorf, Heinricus de Monte, (Altenberg bei Zürndorf) Hermannus de Lapide, Fridericus de Linde, Gerungus Pincerna de Oringe, Chunradus de Wallsperg (Wallersberg) Iohannes de Isenheim, Conradus Scultetus Nuremberg, Fridericus Holzschuher, Conradus Stromayr, et alii quam plures.

den Jahren findet sich keine Urkunde, daraus man sehen kann, daß der Herr Burggraf sich zu Kadolsburg aufgehalten habe. Doch ist daran, wenn man die vorhergehenden Umstände in Betrachtung ziehet, nicht zu zweifeln. Der Burggraf zog mit dem K. Rudolph im Reiche nach Gewohnheit selbiger Zeit herum, wie man in so vielen Urkunden sehen kann, und konnte daher nicht viel in Kadolsburg seyn. Es wurde auch ehehin nicht so viel geschrieben und ausgefertiget, als heut zu Tage. Die Urkunden aber, welche in den spätern Jahren ausgefertiget worden, bestätigen die Wahrheit, daß dieser Burggraf seine Residenz in Kadolsburg genommen habe. Im Jahr 1290. kam der Graf **Hermann** von **Orlamünd**, welcher Geld nöthig hatte, zu dem Herrn Burggrafen nach Kadolsburg und verkaufte ihm das Schloß und die Herrschaft **Zwerniz**, welche aus der Meranischen Erbschaft an das Orlamündische Haus gekommen war, und versezte ihm dabei das Schloß **Blaſſenberg**, die heutige Vestung Blaſſenburg, nebst der Stadt **Culmbach**, welche gleichfalls von den Herzogen in Meran herrührte und wobei sich viele Personen damals in Kadolsburg befanden 57). Und es ist wunderbar, daß

H 3 die

57) Ich will das nöthigste aus der Urkunde hieher sezen: Nos *Hermannus* Dei gratia Comes de Orlamunde prefentibus profitemur — quod nos Caſtrum *Zwerniz* cum agris — — nec non bona noſtra in Weykersdorf vendidimus et vendimus per praeſentes *Nobili* Viro *Friderico Burcgravio de Nuremberg* affini noſtro dilecto et ſuis heredibus pro Quadringentis Marcis fribergenſis argenti — Caſtrum *Blaſſenburg*, quod ex nunc cum ciuitate *Kulmea* (Culmbach) ac ſuis pertinenciis vniuerſis memorato Burcgravio et ſuis heredibus obligamus pro quadringentis marcis fribergenſis argenti — Teſtes huius rei ſunt Dominus Poppo Comes de Henneberg, Heinricus Advocatus de Gera, Rudgerus de Sparneck, Eberh. et Albr.

fra-

die Häuser, welche die Herzogen von Meran geerbet, bis auf das Burggräflich Nürnbergische Haus ausgestorben sind, und daß ihr Erbtheil durch Kauf größtentheils an die Herren Burggrafen gelanget ist. Im Jahr 1291. verkaufte der Ramung von Kammerstein seine Güter zu Ebenode an den Herrn Buragrafen und der Kaufbrief wurde in Kadoldsburg ausgefertiget, wobei sich andere vornehme Personen befanden 58). In eben diesem J. 1291. verkaufte Engelhard, genannt Nothoft, einige Güter an den Herrn Burggrafen und der Kaufbrief wurde mitten im Winter zu Kadoldsburg ausgefertiget, zum deutlichen Beweis, daß

fratres dicti de Gych, Hermannus Vlr. milites et Vlr. famulus, dapiferi de Newenstorf, Heinr. et Albr. dicti Henlin, Arnoldus dapifer de Hoheneck, Otto de Ditenhofen, Rudiger de Brant, Walther de Seckendorf, Cunr. de Egerstorf, Hermannus et Seyfr. fratres de Lebitzingen, Poppo dictus de Loche et quam plures alii fide digni. In cuius rei evidens testimonium presens scriptum nostri Sigilli munimine duximus roborandum datum in *Cadelsburg* die Sabbati infra octauam pasce anno domini MCC. Nonagesimo.

Zwernitz heißt hier zwar ein castrum; aber es machte eine Herrschaft aus; denn es gehören folgende Orte dazu. 1) Wonnses, welcher Ort Stadtgerechtigkeit und also auch hohe Jurisdiction hat. 2) Alladorf, ehehin ein Rittersitz, welcher von denen von Königsfeld und nachmals von denen Herdegen besessen worden. Es ist auch eine FilialKirche daselbst, welche nach Trummersdorf gehöret. 3) Fernreuth, wo auch das Hochstift Bamberg einige Unterthanen hat. 4) Feilersdorf. 5) Gelbsreuth. 6) Großenhül. 7) Raynach. 8) Kleinhül. 9) Lochau. 10) Schirndorf. 11) Trummersdorf. 12) Tonnfeld. 13) Zebersiz.

58) So bezeuget die Urkunde: Ego *Ramungus* Senior de *Chamerstein* presentibus profiteor et protestor, quod de consensu et de libera voluntate Chunr. nepotis mei bona mea in *Ebenode* — Nobili Viro Domino *Friderico* Burggrauio

daß der Herr Burggraf sich nicht einmal im Winter zu Nürnberg, sondern zu Radolsburg und also beständig daselbst aufgehalten habe 59). Im Jahr 1293. bekam er in Radolsburg wieder einen vornehmen Besuch. Der König Adolph hielte in diesem Jahre und zwar im Monath April einen Reichstag in Nürnberg, wozu auch der Burggraf beruffen wurde 60). Damit er diesen Herrn mit zu Rathe ziehen konnte; so wie dieß auch die vorhergehenden Kaiser gethan haben. Als aber der Reichstag vorbei war, besuchte dieser König und wie leicht zu begreifen mit vielen andern vornehmen Personen im Monath May den Burggrafen zu Ra-

gravio de Nuremberg et suis heredibus dedi et vendidi — — In cuius rei euidens testimonium presens Scriptum subscriptione testium videlicet Nobilis viri Domini Heinr. Comitis de Kastel, Rudgeri de Sparneck, Burchardi de Vendbach, Waltheri dapiferi de Sekendorf et Eberh. de Chulsheim, nec non appensione mei Sigilli duxi fideliter roborandum, datum in *Kadelspurch* VI. Idus aprilis anno Domini MCCLXXXXI.

59) Also bezeuget die Urkunde: Ego *Engelhardus* dictus *Nothaft* — quod bona infra scripta — vendidi — Nobili Viro *Domino Friderico Burggravio de Nurenberck*, et suis heredibus de consensu Serenissimi Domini mei, Domini Rudolfi Romanorum Regis, a quo Bona huiusmodi in feudum teneo

producentis libris — — In cuius rei euidens testimonium, praesens scriptum subscriptione testium videlicet Hilpoldi de Lapide, Rudigeri et Babonis Dominorum de Sparnekke, Arnoldi Dapiferi de Hoheneke, Ottonis de Dietenhoven, Rudigeri de Cranch, nec non appensione mei Sigilli Duci fideliter roborandum. Dadum in *Chadoldsburg* tertio Kal. Febr. Anno Domini MCCLXXXX. primo.

60) Es berichtet Hofmann in den *Annal. Bamberg*: unter diesem Jahre: Adolphus Rex post electionem de se factam Norimbergam processit et *consilia de rebus imperii cum Friderico Burggravio Norimbergensi* et nonnullis aliis regni proceribus communicauit.

Rabolsburg, und vielleicht reiseten alle beide nämlich der K. Adolph und der Burggraf zu einer Zeit an diesen Ort. Daß aber dieser König bei dem Burggrafen in Rabolsburg müsse gewesen seyn, und sich auch daselbst eine Zeitlang aufgehalten habe, dieß kann man daher abnehmen, weil er daselbst am fünften May einem Nürnbergischen Patricier dem Conrad *Stromaier* das ForstmeisterAmt verliehen hat 61). Aber warum reiset dieser König nach Rabolsburg? Er hätte ja den Burggrafen auf seinem Schloß zu Nürnberg besuchen können. Da solches nicht geschehen: so ist dieß ja ein handgreiflicher Beweis, daß Rabolsburg die eigentliche Residenz des Burggrafens gewesen seye. Sonst wäre der König Adolph gewiß nicht dahin gekommen. Er kam aber nicht nur deswegen dahin, um den Burggrafen zu besuchen. Er kam aus wichtigern Ursachen dahin. Er kam dahin um sich mit dem Burggrafen zu verschwägern; damit er desto fester sitzen möchte 62).

weil

61) Da diese Kaiserliche Urkunde nicht lang, aber deswegen sehr merkwürdig ist, weil sie zu Rabolsburg ausgefertiget worden: so will ich sie aus der Diplomatischen Historie von Nürnberg S. 187. wiederholen: Nos *Adolphus* Dei gratia Romanorum Rex semper Augustus, ad uniuersorum Imperii Romani fidelium notitiam praesentium tenore deducimus. Quod prudenti Viro *Conrado dicto Stromer de Nuremberg*, fideli nostro dilecto, officium foresti nostri Nurenbergensis quod Forstampt, vulgariter appellatur, concedimus eo jure tenendum et regendum, quod pater et avus eius ipsum officium a longe retro actis temporibus rexisse et tenuisse noscantur. Dantes sibi has litteras nostrae Maje. Sigillo munitas in testimonium super eo. Datum in *Cadolzburg*, III. Nonas Maii, Indictione sexta, Anno Domini MCCXCIII. Regni vero nostri anno II.

62) Wie der Anonymus Leobienf. in *Pezii Scriptor. Auſtr. fol. 888.* unter dem Jahr 1292.

mit

weil er diesen vornehmen Herren bei der Wahl durch eine list des Erz-Bischofs in Mainz ist vorgezogen worden 63). Denn man muß wissen, daß keine Herren des deutschen Reichs bei den Kaisern, von den Schwäbischen angerechnet und durch alle Jahrhundert, mehr gegolten haben, mehr um die Kaiser gewesen sind; auch mehr mit Rath und That an Handen gegangen sind, als die Herren Burggrafen in Nürnberg; wie aus der Reichshistorie bekannt ist. Ein Beweis, daß auf dem Burggräflich Nürnbergischen Hause ein besonderer Geist geruhet habe, und der noch auf selbigen ruhet; nur daß sich die Zeiten und Umstände geändert haben — Die Verschwägerung geschahe also. Der K. Adolph hatte einen Bruders Sohn, Namens Emich, Grafen von Nassau,

mit diesen Worten bezeuget: Adolphus, ut se in Regno roboraret filium unum filiae Regis Bohemiae copulauit — alterum filium filiae Henrici Burggrauii de Nurenberg sociauit — Dieser Geschichtschreiber ist in Ansehung der Person, welche mit der Burggräfin vermählet worden, und auch in Absicht des Namens des Burggrafens irrig. Der Herr Consulent von Wölker hätte also nicht nöthig gehabt in der Diplomatischen Historie von Nürnberg S. 186. zu schreiben: von welchem Nürnbergischen Burggrafen sich sonst in den Urkunden nichts findet. Mithin aber dieses eine Anzeige ist, daß immerfort viele den Namen eines Burggrafens geführet haben; wo nicht statt Henrici Friderici zu lesen ist. Gar leicht hätte er einsehen können, daß der letzte Name hier nur Statt findet.

63) Wie der Herr Regierungs-Rath von Günderode zu Carlsruh in der schön geschriebenen Geschichte des Röm. Königs Adolph nach den Urkunden und gleichzeitigen Geschichtschreibern S. 43. berichtet. Und auf dieser Seite saget er, daß der K. Adolph sich die Zuneigung des Burggrafs Friderich dadurch zu gewinnen suchte, daß er ihm die durch den Tod Heinrichs von Liebenstein erledigten Reichslehen übertrug.

sau, und dieser vermälte sich mit der Tochter des Burggrafens Anna. Dieser Graf war damals ein Herr ohne Land, und noch weniger war er in Franken begüttert. Der Burggraf gab ihm doch seine Tochter und vermuthlich aus Achtung gegen den König Adolph. Wie er denn auch deswegen besorgt war, daß er in Franken begüttert wurde 64). In welchem Jahr dieß geschehen sei, das kann so genau nicht bestimmet werden. So viel ist gewiß, daß diese Vermälung schon im Jahr 1297. geschehen war, wie ich an einem andern Ort gezeiget habe 65). Aus allen Umständen lässet sichs schlüßen, daß der K. Adolph im Jahr 1293. besonders deswegen zu dem Burggrafen nach Kabolzburg gekommen seie, um eine Heirath zwischen seinem Vettern, welchen er wird bei sich gehabt haben, und zwischen der Tochter der Burggrafens zu stiften. Vielleicht ist auch sogleich die Vermälung vor sich gegangen; obgleich die Burggräfin mag erst 17. Jahr alt gewesen seyn. Ganz gewiß hat der K. Adolph an dem hochzeitlichen Fest seines Vettern Theil genommen; wenn es auch damals nicht gleich sollte vor sich gegangen seyn. Wie rühmlich ists nicht für Kabolsburg, daß daselbst eine solche vornehme Vermälung in Gegenwart eines Königs geschehen ist! Im J. 1296. stiftete der Burggraf Friederich für sich und für seine erste Gemalin in dem Kloster Langenzehn, welche daselbst bei ihren Vätern den Herzogen von Meran begrufet ist und der Stiftungsbrief wurde mit Ausgang des Winters zu Kabolzburg ausgefertiget 66) Im Jahr 1297.

finden

64) Wie ich im dritten Versuch der Burggräflichen Geschichte S. 142. u. f. gezeiget habe.
65) Nämlich in der erst angezogenen Burggräflichen Historie.
66) So stehet in dem noch ungedruckten StiftungsBrief: Nos Fridericus Burggravius de Nurenberg

finden wir diesen Burggrafen abermals mitten im Winter zu
Kadolzburg 67) und da auch zu gleicher Zeit die Gemalin des
Herrn

berg — de consensu Illustris Dominae et uxoris nostrae Conuentui S. Mariae in Langheim — donauimus ita quod singulis annis nostrum et Elisabeth quondam uxoris nostrae anniuersarium — — peragere teneantur.
— — Testes hujus rei sunt Albertus Fürtsch de Turnau, Conradus Decanus de Cenne (*Langenzenn*) Waltherus dapifer de Seckendorf, Burchhardus de Vendebach, Conradus de Egersdorf, Heinricus Advocatus de Baiereuth (StadtVoigt zu Baireuth) Heinricus Granator ibidem (Castner) et quam plures alii fide digni, In cuius rei evidens testimonium nostro et *Iohannis filii nostri Sigillis* praesens scriptum fecimus roborari. Datum in *Kadelsburgk* Anno Domini MCC. Nonagesimo sexto nonas Martii.

67). So bezeuget die Urkunde im zweyten Versuch der Burggräflichen Geschichte S. 236. Testes huius sunt frater *Iohannes, ordinis minorum, Confessor Burggraui prelibati*, *Burcardus de Ven-* debach, Otto de Dietenhoven milites. Heinricus notarius de Gerreuch, Heinricus filius Burkardi de Vendebach et quam plures alii fide digni. In cuius rei testimonium praesens scriptum Dno Ottoni Abbati et conuentui sepe dicti cenobii dari volumus nri. sigilli robore confirmatum datum et actum in *Kadoldswurck* sub praesencia illustrium dominarum, Dominae Elenae, Burggrauiae, Dominae Alheidis, Palatinae de Creiberch, Dominae Annae de Naffawe, tert. nonas Ianuarii MCC. nonagesimo septimo. Der oben angezogene Minorit oder Franziscaner Mönch von Nürnberg Burggräflicher Beichtvatter muß sein beichtväterliches Amt wol versehen haben; denn er beredete die Frau Burggräfin, daß sie sich in das dasige Franziscaner Kloster begraben ließe, (vermuthlich in Franziscaner Kleidung) obgleich noch keine Person aus dem Burggräflichen Hause daselbst begraben lag, weil man sich gern zu seinen Freunden begraben ließe. Die Frau Burggräfin, eine Geborne Herzo-

Herrn Burggrafens Helena eine geborne Herzogin von Sachsen, seine Schwester Adelheit verwittibtere Pfalzgräfin von Baiern, seine Tochter Anna, vermälte Gräfin von Naßau und über dieß auch der Burggräfliche Beichtvatter sich zu Kadolzburg befanden: so wird dadurch noch deutlicher gemachet, daß dieß Schloß die Burggräfliche Residenz gewesen seye. Der Burggräfliche Beichtvatter aber war ein Franziscaner Mönch in Nürnberg.

gin von Sachsen, war von ihrer Freundschaft zu weit entfernet. Aber doch hätte sie sich können in das Kloster Heilsbrunn begraben laßen; denn dort war das Burggräfliche Erbgräbnis. Sie that es aber nicht und ließ sich lieber in das Franziscaner Kloster begraben. Dazu wird sie der Herr Beichtvatter bereder haben, und auch dazu, daß sie alle ihre Kleinodien diesem Kloster vermachet hat. Denn so stehet in dem Todenkalender dieses Klosters, welcher in dem zweiten Theil meiner historischen Bibliothec anzutreffen, S. 51. Ao. 1309 12. Iunii. illustrissima Domina Helena uxor Friderici Burggravii de Nurnberg, filia ducis Saxoniae, fundatrix Pirckenfeldensis, quae legavit fratribus omnia clenodia sua et cum magna et nobili Eleemosina. Dieß war ein herrliches Vermächtnis; wozu noch eine reiche Stiftung kam. Man darf sich hierüber nicht verwundern. Denn die Minoriten oder Franziscaner lehreten, daß die Worte des Heilandes: wahrlich ich sage euch, was ihr gethan habt einen unter diesen meinen geringsten Brüdern ꝛc. besonders auf die Minoriten gingen. Sie seyen die fratres minores. Daher ließ man sich zu allen bewegen; zumal da man glaubte den Himmel damit zu verdienen. Und dieser Mutter nämlich der Frauen Burggräfin folgte auch ihre Tochter die Gräfin von Naßau. Denn so berichtet der angezogene Todenkalender unter dem 19. October. Domina Anna Comitissa de Nassaw Burggravii Friderici et Helenae Ducissae Saxoniae filia, magna benefactrix. Desgleichen auch die Pfalzgräfin Adelheit; denn so heißt es unter eben diesem Monathstag: Domina Adelheid uxor Domini Rapoldi Palatini de Krayburg, soror Domini Friderici Burggravii antiqui de Nurnberg.

berg. Man darf sich nicht wundern, warum dieß nicht vielmehr der Pfarrer in Kabolzburg oder einer der Burggräflichen Hofcapläne gewesen ist. Alle vornehmen Herren nahmen damals Franziskaner oder andere Ordensgeistliche zu ihren Beichtvättern. Diese stunden damals in einem besondern Geruch der Heiligkeit. Daher galten sie mehr als die andern Geistlichen. Man hielte sie für heilger und beßer als die andern. Ohnfehlbar hatte damals die gesammte Burggräfliche Herrschaft gebeichtet und der Beichtvatter wurde von Nürnberg nach Kadolzburg beruffen. Wenn dieß wahr ist und ich zweifle nicht daran: so lieget auch hier ein Beweis, daß Kadolzburg die Burggräfliche Residenz gewesen ist. Denn sonst würde die Burggräfliche Herrschaft mit der Beicht gewartet haben, bis sie wieder nach Nürnberg gekommen sind. Wenn man nun alle diese Umstände in Betrachtung ziehet, kann man zweifeln, daß der Hr. Burggraf Friderich beständig zu Kadolzburg residiret habe? Aber auch seine Nachfolger residirten dort beständig.

§. 5.

Von dem Aufenthalt seines Sohnes: das Wort Prinz war damals nicht gewöhnlich: und Nachfolgers Friderich ist nicht bekannt, daß er sich viel in Kadolzburg aufgehalten habe. Dieß kommt daher, weil es sich meistens bei den Kaisern Albrecht, Heinrich und Ludwig aufhielte. Nur einmal und dieß im Jahr 1300. treffe ich ihn zu Kadolzburg an und zwar zu einer merkwürdigen Zeit, nämlich mitten im Winter, wie eine daselbst von ihm ausgefertigte Urkunde bezeuget 68). Was machte dieser Herr

68) Sie stehet im zweiten Versuch der Burggräflichen Geschichte S. 390. und endiget sich also: Hujus rei testes Heinricus de Mecken.

Herr mitten im Winter zu Kabolbsburg? Warum ließ er denn hier und nicht zu Nürnberg jene Urkunde ausfertigen? Hätte es nicht damit Zeit gehabt, bis er nach Nürnberg gekommen wäre? Dieß ist ein handgreiflicher Beweis, daß er, wie sein Herr Vater, in Kabolzburg residiret habe. Und wenn man in Betrachtung ziehet, was oben von der Verschenkung der Burggräflichen Hoftapelle gesaget worden: so wird man noch mehr überzeuget, daß Kadolzburg auch die Residenz dieses Herrn gewesen seye. Daß auch die Kaiser, wenn sie nach Nürnberg gekommen sind, ihn werden daselbst besuchet haben, das leidet nicht den geringsten Zweifel. Vornehmlich wird dieß der Baierische Kaiser Ludwig gethan haben. Dieser hatte dem Burggrafen die Krone zu danken, dadurch daß er den Herzogen Friderich in Oesterreich gefangen bekam, und dadurch die bekannte höchstmerkwürdige Schlacht gewann. Dieser Kaiser hatte also alle Ursache dem Burggrafen schön zu thun. Daß er aber im Jahr 1347. in Kadolsburg von einer Markgräfin in Oesterreich über der Tafel Gift bekommen, und daß er, als er es gemerket, sich auf sein Pferd gesezet und mit dem Burggrafen auf die Jagd geritten, selbigen Abends noch gestorben seie, wie das Kadolsburger Denkmal S. 63. und andere berichten, dieß ist eine große Unwahrheit. Noch größer ist die Unwahrheit, wenn ein anderer Scribent sagt, eine Burggräfin von Nürnberg hätte ihn mit Gift vergeben 69). Ich glaube gern, daß der Kaiser

in

ckenhausen, Harmudus Cellerarius, Winmarus fratres et monachi in Halspruone. Hermannus miles de Lebzingen, Fridericus de Reindorf, Rudigerus de Vlfenbech Laici et alii quam plures. Datum *Kadoldsburg* quarto idus Ianuarii Ao. Dni 1300.

69) Dieß thut *Nicolaus Burgmann* Ecclesiae Spirenf. Decanus in *Hift. Imperatorum* im Herrn Oefele Script. Rev. Boi. Tom. I. pag. 605.

in dieſem Jahr bei dem Burggrafen zu Kaboldsburg um Oſtern geweſen ſeie 70). Aber dieß glaube ich nicht, daß er daſelbſt Gift bekommen, und daran geſtorben ſeie. Denn einmal that ihm das Gift nichts, weil er beſtändig Gegengift gebrauchte 71). Sodann ſtarb der Kaiſer nicht in der Nähe von Kaboldsburg. Er ſtarb auch nicht an Gift ſondern an dem Schlag in den Bairiſchen Wäldern 72) ohnweit dem Kloſter Fürſtenfeld 73) und ſo weit hat der Kaiſer mit dem Burggrafen in einem Tag nicht reiten können. Ich glaube auch nicht, daß er den Burggrafen würde mitgenommen haben, wenn er bei ihm Gift bekommen hätte. Sonſt findet ſich eine Urkunde von dieſem Burggrafen, welche aus dem Eichſtetter Archiv herkommet und im Jahr 1302. zu **Karlsburg** ausgefertiget iſt 74) Karlsburg ſtehet gewiß nicht im

70) In dieſer Zeit war er in Nürnberg, wie man in der Diplomatiſchen Hiſtorie von Nürnberg S. 248. ſehen kann.

71) Wie man aus dem Schreiben ſeines Leibarztes ſehen kann, welches ich in der Schrift: Der Arzt in Deutſchland betitelt, habe eindrucken laſſen.

72) So berichtet die *Compilatio Chronologica Rer. Boicarum* in Herrn Oefele *Script. Rer. Boi. Tom. pag. 243.* Ao. 1347. obiit Ludwicus Imperator XI. Idus Octobris videlicet die proxima tertia poſt Feſtum B. Dionyſii praeuentus ſubitanea morte in venatione in nemoribus terrae Bauariae.

73) So ſtehet in *Ladislai Sunthemii Monaſteriologia Franconiae* bei dem Oefele am angezogenen Ort S. 611. Anno 1347. Idus Octob. illuſtriſſimus Imperator Ludovicus quartus eius nominis iuxta coenobium Fürſtenfeld in venatione urſi ab equo corruens expirauit. Eigentlich geſchahe dieß am Geronistag und dieß war der 10. October.

74) Dieſe Urkunde ſtehet in Falkenſteins *Cod. Dipl. p.113.* und fängt ſich alſo an: Nos Fridericus de Norimberg — und endiget ſich alſo: Datum in *Carlsburg* Ao. Dom. 1302. VI. Kalendas Martii.

im Original. Vielmehr wird Kabolsburg dort stehen. Der Abschreiber dieser Urkunde hat das Wort Kabolds urg so geschrieben, wie es insgemein ausgesprochen wird. Denn bis auf den heutigen Tag nennet man es Karlsburg. Hiebei muß ich eine Stelle aus der Nürnbergschen Chronick anziehen 75), welche hieher gehöret und die Wahrheit beweiset, die bisher vorgetragen worden. Sie lautet also: Anno Domini MCCCLXXXVIII. in die Sancti Bartholomaei iu sero excurrerunt circa CC. (Norimbergenses) cupientes bona acquirere seu consequi et venerunt ante Rostal 76) ubi superuenerunt *familiae Burggrauii de Cadelspurg* et interfecerunt circa XV. et centum ceperunt, reliqui vero fuga lapsi euaserunt. Was bedeutet denn hier Familiae Burggrauii de Cadelspurg? Das Wort familia heißt im deutschen Hofgesind, welches Wort damals nicht verächtlich war, so wenig als das Wort Knecht. Daher wurden auch Grafen zum Hofgesind gezählet, wenn sie nämlich Aemter an Fürstlichen und andern Höfen zu verwalten hatten. Unter dem Wort familiae werden die Ministeriales verstanden, welches letztere Wort heut zu Tag durch Minister gegeben wird. Diese Ministeriales waren an den Höfen alles in allen. Sie verwal-

75) Es ist dieß die Chronick, auf welche sich oben beruffen worden, und in den *Script. Rer. Boi. Tom. I. pag. 326.* anzutreffen ist.

76) Das Wort Rostal muß eigentlich Roßstall geschrieben werden. Denn dieser Ort liegt nicht im Thal, sondern in der Höhe. Stall bedeutet so viel als locus editus und derjenige, welcher das Schloß daselbst auf einer Anhöhe erbauen ließ, hieß Ros. Es war dieß ehehin ein sehr bekannter MannsName. Daher gibt es viele Orte, welche von einem Ros ihren Namen bekommen haben, als Rosbach, Rosdorf, Rosstein u. a. m. Rosstall heißt also ein in der Höhe gesehenes Schloß, welches ein gewisser Ros erbauen lassen.

verwalteten die Hof-Aemter. Sie waren die Räthe; und wenn ein Krieg entstunde: so mußten sie sich zu Pferd setzen, und Dienste thun, wie schon die oben angezogene Stelle bezeuget. Dergleichen Personen hatten die Herren Burggrafen zu Kadolzburg. Und warum denn? Weil sie daselbst ihre Hofhaltung hatten. Folglich muß auch ihre Resident daselbst gewesen seyn. Darum sagt der Chronist: Familiae Burggravii de Cadelsburg, zum handgreiflichsten Beweis, daß er daselbst residiret habe. Hierwider wird kein Vernünftiger etwas einwenden können.

§. 6.

Nun muß ich einer Einwendung begegnen, die man machen könnte. In dem Stiftungsbrief über die Frühmessen in der Schloßkapelle zu Kadolzburg vom J. 1379. und welcher unter Beilagen zu lesen ist, saget der Herr Burggraf Friderich unter andern: also „daß die Frühmesse ohngeweigerlich vor der Tagmeß gänzlichen sey vollendet, wann aber wir selbst, unsere Erben oder Nachkommen zu Cadolzburg sein, oder wohnen: so soll und mag ein Frühmesser mit der Zeit dieselbe Frühmesse zu halten, uns nach unsern willen gewarten —„ Aus diesem Umstand sollte man fast schlüssen, daß Kadolzburg die Residenz der Herren Burggrafen nicht war, oder wenigstens damals nicht mehr gewesen ist. Man muß aber bedenken, daß die Herren Burggrafen überhaupt und insonderheit dieser Burggraf sehr oft abwesend waren, und sich zu Nürnberg, an andern Orten des Burggrafthums und auch bei den Kaisern aufgehalten haben. Und auch damals, da obiger Stiftungsbrief ausgefertiget wurde, war der Herr Burggraf nicht zu Kadolzburg, wie man ganz deutlich abnehmen kann. Ohnfehlbar befand er sich damals in

K Nürn-

Nürnberg. Denn in der Nähe von Kadolzburg mus er doch gewesen seyn. Also kann Kadolzburg noch immer seine Residenz gewesen seyn. Sie war es auch. Denn er redet von einem wohnen und dieß Wort bedeutet keinen kurzen Aufenthalt an einem Ort. Vielmehr wird dadurch ein längerer Aufenthalt angedeutet. Das Wort residiren war aber damals (im heutigen Verstand genommen) nicht bekannt. Wenn nun der Herr Burggraf in Kadolzburg seyn würde: so sollte der Frühmesser nach seinem Willen gewarten, das ist, sein Amt warten oder versehen zu der Stunde, welche er ihm bestimmen würde. Denn es war dem Herrn Burggrafen nicht gelegen mit Anbruch des Tages in die Messe zu gehen.

§. 7.

So blieb Kadolzburg immer die Residenz der Herren Burggrafen. Daß der Herr Burggraf Friderich, welcher der erste Markgraf zu Brandenburg geworden, allda residiret habe, das weiß man gewiß. Zwar sagt Gundling in dem Leben dieses Herrn (S. 540) er hätte, als er zur Regierung gekommen seye, die Stadt Onoldsbach und Kadolzburg zu seinem Sitz erwählet; da aber Kadolzburg schon die Residenz seines Vatters und seiner Voräler gewesen und alles dazu eingerichtet war; so hatte er nicht nöthig seine Residenz zu verändern. Nach Onoldsbach kam er nur manchsmal. Dieser Ort war wol größer als Kadolzburg. Aber er war wegen der Aussicht annehmlicher als Onoldsbach. Er war auch wegen seiner hohen Lage gesünder als Onoldsbach, auch wegen der Jagd und weil Nürnberg so nahe war, auch bequemer. Daß aber dieser Ort seine eigentliche Residenz gewesen seie, das kann man daher abnehmen, weil daselbst von ihm die vornehmsten Handlungen geschehen sind. Im
J.

J. 1409. stiftete er zu Langenzenn von den dasigen Pfarr Einkünften, die sehr groß waren und dergleichen nicht leicht eine Pfarr haben wird, nebst seiner Gemalin Elisabeth, welche wegen ihrer auserordentlichen Schönheit die schöne Els genennet wurde und seinen Bruder Johann ein Augustiner Kloster und der Stiftungsbrief wurde zu Kadolzburg ausgefertiget. Ich will nur etliche Worte aus dem noch ungedruckten Stiftungsbrief hieher setzen. Wir Johannes vnnd Friderich von Gottes Gnaden Burggrauen zur Nürnberg vnd wir Elisabeth von Bayern des vorgeschrieben Burggrauen Friderichs vnnsers lieben Herrn Gemahll bekennen — Daß wir von solcher Begierde die vorzelten der hochgebohrn Fürst vnnser lieber Herr und Vatter Herr Friderich Seeliger Gedechtnus darzue gehabt hat — — in vnser Statt Langenzenn — — zu einen Kloster vnnd Conwent der Chorherren Sanct Augustini Ordens zu latein genannt, Canonicorum regularium gestift, gemacht vnnd geben haben — und endiget sich also: darumb so haben wir unser Innsigell zur warer Bestetigung an diesen Brief lassen hendhen der geben ist zur Kadolzburg nach Gottes Geburt vierzehenhundert vnd in dem neundten Jahr am negsten Monatstag vor vnnsers Herrn Auffahrts Tag. Als er im J. 1424. die Gerechtigkeit der Reichs-Münz zu Nürnberg an diese Stadt übergab: so wurde die Urkunde hierüber im Kadolzburg ausgefertiget 77). Ja als der Burggraf Friderich schon Markgraf in Brandenburg war, residirte er in dem alten burggräflichen Schloß, wenn er sich in Franken enthielte. In einen gewölbten Zimmer dieses Schloßes befindet sich eben an der Decke der brandenburgische Adler und neben herum der burggräfliche Löw. Dieser Adler kann von Niemand

77) Diese Urkunde ist unter *Diplomat. pag.* 566. zu lesen. andern in der *Histor. Norimberg.*

mand als von diesen Herrn herrühren. Vermuthlich hat er dieß Zimmer erbauen laßen, da er Kurfürst wurde. Doch auch dieß war für ihn nicht bequem genug. Er muste als Kurfürst einen größern Staat führen. Daher muste er auch eine größere Wohnung für sich und die seinigen haben. Er ließ deswegen ein ganz neues Schloß neben das alte bauen, welches bis auf den heutigen Tag noch steht und zum Theil von dem Herrn Oberamtmann, wenn er gegenwärtig ist, bewohnet wird. An dem äusern Schloßthor ist der Brandenburgische Adler und das burggräfliche Wappen in Stein gehauen zu sehen. Dieß ist ein hanngreiflicher Beweis, daß lenes Gebäude von dem Kurfürsten Friderich dem Ersten herrühre. In diesem neuen Schloß enthielte er sich meistens, wenn er in Franken war und nicht nur im Sommer, wie Gundling schreibet (S. 341), sondern auch im Winter, oder es war sein ordentliches Residenzschloß. Man kann dieß aus folgenden abnehmen. Im J. 1426. entschied er einen Streit zwischen den beiden Carthäuser Klöstern zu Dinkelhausen und Würzburg an einer, und zwischen einem Bürger zu Marktrlebach an der andern Seite wegen der bei Oberndorf gelegenen Mühl, die Seemühl genannt und die noch ungedruckte Urkunde wurde im gedachten Jahr zu Kadolzburg ausgefertiget und ist unter den Beilagen zu lesen. Im J. 1431. hatte der Kaiser Sigmund einen allgemeinen Reichstag nach Nürnberg beschieden, allwo er auch selbst am 5. Jenner anlangte und acht Monate daselbst verbliebe. Hier kamen die böhmischen Unruhen am ersten in Betrachtung. Der Herr Kurfürst Friderich war, wie leicht zu erachten, auch gleich Anfangs gegenwärtig. Unterdeßen ging er nach Kadolzburg, wenn seine Gegenwart in Nürnberg nicht höchstnöthig war. Und weswegen? Nicht der Lust halben und als wenn Kadolzburg nur ein Lustschloß gewesen wäre, wie

Gund-

77

Gundling schreibet S. 341. denn zu solcher Zeit reiset man nicht aus Lust. Er ging aus andern Ursachen dahin. Da der Kaiser und so viele Fürsten, Grafen und andere Herren gegenwärtig waren: so fehlete es an bequemen Wohnungen. Es waren auch die Victuallen sehr theuer. Weil nun das Residenzschloß des Herrn Burggrafens von Nürnberg nicht weit entfernet war: so ging er um seiner Bequemlichkeit willen dahin, wenn seine Gegenwart in Nürnberg nicht nöthig war. Hier bekam er einen besondern Besuch. Die zu Nürnberg anwesende Reichsstände schickte eine Deputation zu ihm, welche ihn ersuchen mußte, die Reichsarmee wider die Böhmen anzuführen; denn unter allen Fürsten wurde er am tüchtigsten dazu erkannt 78). Er nahm diesen Auftrag an, erklärte aber dabei ganz vernünftig, es seie besser, wenn man erst mit der Bibel und mit der Feder die Böhmen zu gewinnen suchte. Die Abgeordneten hinterbrachten dieß dem Kaiser und dem Reiche. Diese beschloßen sogleich dem Kurfürsten eine Vollmacht zu ertheilen, um bei den Böhmen nochmals die Güte zu versuchen. Dieser Reichsschluß wurde dem Kurfürsten von den Abgeordneten nach Kadolzburg überbracht, worauf er sich nach Nürnberg begab und mit dem Kaiser und den Reichsständen weitere Handlungen fortsezte 79). Dazu kommt dieß. Fremde suchten ihn nicht anders, denn zu Kadolzburg. Ich will nur ein Exempel anführen. Als im J. 1432. die Böhmen einige Personen nach Basel schickten, um zu vernehmen, wie das Concilium gegen sie gesinnet seie: so kamen sie nach Kadolzburg, nicht wie Gundling in dem Leben Kurfürst Friderich I. schreibet (S 380.) auf sein Lustschloß, son-

K 3   dern

78) Wie Gundling in dem Leben dieses Herrn S. 341. berichtet.

79) Nach dem Bericht Gundlings am angezogenen Ort S. 343.

bern auf sein Residenzschloß. Hier bekamen sie von dem Kurfürsten verschiedene Schreiben an das Concilium zu Basel und an den Cardinal Julianus mit, worinn die Angelegenheiten der Böhmen bestens empfohlen wurde. Als diese in Basel wol aufgenommen wurden: so ordneten die Böhmen den Procopius Rasus, Willhelm Cosca, und die Gottesgelehrten M. Johann Rokhzanna, Petrus Payne und Nicolaus von Paleso nach Basel. Diese wurden von den Kurfürsten und burggräflichen Rittern oder Lehenleuthen von Eger zu den Kurfürsten begleitet. Gundling saget S. 382. der Kurfürst hätte sich damals zu Nürnberg befunden, welches aber gefehlet ist 80). Die burggräfliche Residenz schon verkauft und Gesande empfängt man insgemein in seiner Reßidenz. Der Kurfürst befand sich zu Kadolzburg, wie Wurstseisen in seiner Basler Chronic (81) ausdrücklich berichtet
und

80) Welches auch Falkenstein im 3ten Theil der Nordgauischen Alterthümer S. 230. nachschreibet.

81) So schreibet er in seiner seltenen gewordenen Basler Chronic unter dem J. 1432. auf der 278. Seite. Als Bruder Hans von Mulbrunn den Königlichen Gleidsbriefe, sampt etlichen Schreiben auß Italien gebracht, war er außgehnds Hewmonats mit Herman van Roltenheim, Abt zu Ebraw im Steigerwald, Wirtzburger Bistumbs, die Gleidsbriefe an allen Orten zuerheben, und sie den Böhemern zu lieferen, abgefertiget. Hierumb gab ihnen das Concilium Commission, an Marggrave Friderich und Pfaltzgrave Hansen verschloßne Schreiben, so dann an die oberigen Fürsten, Herren und Stette ein Patent, der Böhemischen Bottschaft ihr Gleidt mitzutheilen, verreiseten also gehn Eger.

Noch mitten Herpstmonat, kamen der Böhemischen Legation Vorbotten, mit beleitung des Marggraven van Brandenburgs Reutern, in der Stetten Eger unnd zum Elnbogen Gleidt, gehn Eger, vamlich Nicolaus Humboltz Stattschreiber zu Prag, und Johans

und dieser mus dieß gewiß gewußt haben. Hier besprach sich der Kurfürst mit den böhmischen Abgesandten von den wichtigsten Sachen, nämlich wegen des Concilíums zu Basel und insonderheit wegen der Rechte des Kaisers auf das Königreich Böhmen. Die Abgesandten ersuchten ihn um seine Vermittelung zu Basel. Sodann ließ er sie durch seinen Prinzen Albrecht bis Gunzenhausen begleiten, (denn die Herren oder ihre Prinzen führeten damals das Geleit in eigener Person) und wo selbst ein Graf von Oettingen das Geleit über sich nahm. Im J. 1433. ließ dieser Kurfürst zu Kadolzburg eine merkwürdige Handlung unternehmen. Der Kurfürst lebte mit dem Herzogen Ludwig in Baiern zu Ingolstatt in Uneinigkeit. Der Herzog suchte das Concilium zu Basel mit dem Kurfürsten in diese Uneinigkeit zu verwickeln; deswegen brachte er es dahin, daß das Concilium den Augustiner Eremiten Provincial Bevollmächtigte diese Streitigkeiten zu untersuchen und sie auszusöhnen. Dieser Provincial ging weiter, indem er beide Theile bei dem höchsten Bann der Kirchen nach Eichstätt in eigener Person unausbleiblich zu erscheinen vorlude. Der Kurfürst hielte es aber seiner Würde und Rechte für nachtheilig sich vor den Abgeordneten des Conciliums sich einzulaßen.

Des-

hans von Eß, alle Sachen selbst zuerkundigen, da ihnen der Raht ihr gegeben Gleidt bekettiget. Alda stelleten ihnen des Conciliums Abgesandte die obrigen Gleidtsbriefe zuhanden, vnd ward da etlicher Anständen halb gehandlet.

Auff solches ruckten sie mit einander gehn Nürnberg, kamen an St. Michaelstag mit dem Bischoff von Regenspurg vnd des Conciliums Legaten gehn Katelsburg zu Marggrave Friderich, der sie ehrlich entpfienge, sich zu seinem Gleidt vnnd Siegel bekennet, begehrten auch im fortzug, das alle Herren und Stette, durch deren Herrlichkeit sie reisen müßten, ihre Briefe vnd Siegel besichtigten, vnd sich zu denselbigen bekenneten.

Deswegen ließ er durch einen Notarium und Zeugen protestiren, daß seine Räthe zu jener Tagesfart sich nicht verstanden hätten und daß dieser Austrag nicht vor das Concilium gehörete. Und dieß geschahe zu Kadolzburg in dem Schloß und zwar auf dem untersten größern Pallast und Sumerhaus daselbst, wie die Urkunde unter den Beilagen bezeuget. Und es ist merkwürdig, daß der Kurfürst zu dem Notarius ihr saget; da sonst alles du heißt und nur vornehme Herren geirzet wurden; wie jetzt in Briefen noch gewöhnlich ist. Dieß kam aber daher, weil die kaiserlichen Notarii damals zu den geistlichen Stand gehörten. Deswegen ehret ihn der Kurfürst und sagte nicht du, sondern ihr oder euch zu ihm; so wie man damals zu den geistlichen sagte. Endlich beweiset auch Kadolzburg, wo sich dieser Herr auf das Krankenbett legte, daß dieser Ort seine ordentliche Residenz gewesen seye. Es geschahe dieß im J. 1440. In eben diesem Jahr befand er sich zu Onoldsbach, wie man aus einer Urkunde sehen kann 82). Zu dieser Zeit fing sich eine Geschwulst als ein Vorbot des Todes bei ihm an. Er blieb aber nicht zu Onoldsbach. Er eilete nach Kadolzburg. Hier legte er sich auf das Kranken und Sterbebett. Er wollte nicht zu Onoldsbach, sondern zu Kadolzburg sterben. Was folget hieraus? Kadolzburg mus ihm lieber gewesen seyn, als Onoldsbach. Und warum wol? Weil es seine ordentliche Residenz war. An diesem Ort bereitete er sich auf die große Veränderung, welche mit ihm im Tode vorgehen sollte. Er that dieß schon vorher. Er bestellete sein irdisches Hauß, schon im J. 1417. machte er sein Testament 83) und

82) Bei dem Gundling in dem Leben Kurfürst Friderich des II. S. 6.

83) Dieß Testament findet sich unter andern in folgender Deduction: *In iure et facto gegründete*

und theilte seine Lande unter seine vier Prinzen. Dieß that er
deswegen, damit er sich mit dem Ewigen desto mehr beschäftigen
könnte. Und auf sein Kranken und Sterbebett that er dieß
noch mehr. Er machte im J. 1440. ein sehr merkwürdiges Co=
dicill, welches unter andern von seinem zarten Gewißen zeuget
und unter den Beilagen zu lesen ist. Er bestellte auch das Haus
seiner Selen oder das himmlische Haus. Er wollte nichts als
von Jesu dem Gekreuzigten wißen 84). Da er auf dem Con=
cilium zu Costniz und zu Basel so viel zu thun hatte und dort
so viele evangelische Predigten hörete: so lernete er auch den rech=
ten Weg zur Seligkeit und dieß ist Jesus der Gekreuzigte. Und
da er auch viele geschriebene Bücher hatte, wie sein Testament
bezeuget: so werden auch einige darunter gewesen seyn, welche
ihm den rechten Weg zum Himmel gezeiget haben 85). Er
brachte seine Zeit in Gegenwart seines Hofprediger Heinrich
Tockius, Domherrn von Magdeburg und der übrigen Geistli=
chen in Kadolzburg mit beten und singen zu, bis er endlich am
21. Sept. gegen den Abend im 68. Jahr seines Alters einschlief.
So wol bereitet starb dieser große Fürst zu Kadolzburg, der des
Kaisers

dete facti species worinnen vor=
läufig doch deutlich gezeiget wird,
daß Sr. Königl. Majest. in Preu=
sen näheres Successions=Recht
an den Brandenburgischen Mark=
grafthümern in Franken, so durch
die von des hochsel. Maraggra=
fen Christian Heinrichen zu Bran=
denburg Culmbach Durchl. ge=
schehene bündige Cession und
Refutation auf das Königl. Hauß

kommen, unumſtößlich ſey. Ber=
lin, bei Christoph Gottlieb Ni=
colai, 1718. auf der 150. Seite.

84) Oblit, schreibt sein Hof=
prediger Tockius, in perpetua com=
memoratione passionis Dominicae.

85) Wie er denn auch einen
eigenen Prediger nach Onolzbach
gesezet hat und der gewiß Evan=
gelisch predigen mußte.

Kaisers Sigmund Aug und Ohr, ja alles war, den nicht nur das ganze deutsche Reich, sondern auch auswärtige Könige wegen seines großen Verstandes und Tapferkeit hochhielten und der da hätte Kaiser werden können, wenn er gewollt hätte. So entschlief er zu Kadolzburg, nachdem er den Grund zur königlichen Hoheit seines Hauses geleget hatte, und er mußte ihn deswegen legen, weil die höchste Vorsehung seine Nachkommenschaft zu großen Dingen auserjehen hatte — Sein entselter Leichnam ruhete in der HofKapelle zu Kadolzburg bis sein Nachfolger aus Brandenburg angekommen war. Alsdenn wurde er mit den größten Feierlichkeiten in das burggräfliche Erbbegräbnis nach Heilsbrunn abgeführet. Und dieß war der lezte Herr aus dem burggräflichen Hause, welcher zu Kadolzburg gestorben ist. Nur muß ich noch bemerken, daß man im Schloß zu Kadolzburg ein Laboratorium zeiget, welches seinen Prinzen Johann soll gehöret haben und welcher daher der Chymist 86) ist genennet worden. Wenn er dieß als Prinz gethan hat: so glaube ich es. Als er aber zur Regierung gelangte: so kann dieß nicht geschehen seyn; denn er bekam Kulmbach zu seinem Antheil und hielte sich zu Blaßenburg auf.

§. 8.

Als der Kurfürst Friderich I. im J. 1440. mit Tod abgegangen war: so succedirten ihm in den fränkischen Landen seine beiden Prinzen Johann und Albrecht. Der erstgebohrne, Johann war mit den Fränkischen Landen oberhalb Gebürgs oder mit dem Fürstenthum Culmbach zufriden. Der jüngste

---

86) Sonst sagt man der Alchimist, welches aber nicht recht ist. Denn al ist der Arabische Artikel und bedeutet schon so viel als der. Man sagt also besser der Chimist.

jüngste Prinz Albrecht aber bekam die Lande unterhalb des
Gebürgs oder das heutige Fürstenthum Onolsbach. Und auch
dieser Herr nahm seine Residenz zu Kadolzburg. Ich will dieß
zu beweisen suchen. Im J. 1438. vermälete sich die Schwester
dieses Herrn mit dem Prinzen des Herzogs Ludwig von
Baiern gleiches Namens, womit aber dieser nicht zufriden war.
Aus diesen Umstand ist zu vermuthen, daß das Beilager in Kadolzburg geschehen seie. Dazu kam noch dieser Umstand. Der
alte Herzog in Bayern hatte mit einer adelichen Person einen
Sohn erzeuget, welchen er mehr liebte, als seinen Prinzen und
machte ihm große Geschenke. Dieß verdroß den jungen Herzogen und überzog den Vatter mit Krieg, wobei ihm sein Schwager der Markgraf Albrecht, der über den alten Herzogen auch
misvergnügt war, hülfliche Hand leistete, und belagerten ihn im
J. 1439. zu Neuburg. Dieser Ort wurde bald erobert, und
der alte Herzog mit seinen Dienern gefangen. Wie es damit
weiter gegangen, das berichtet ein damals lebender Geschichtschreiber 87) also: Item es ist zuwißen, das der jung Herzog
Ludwig verkauft seinen Herrn und Vater den alten Herzog Ludwigen dem Grafen (Markgrafen) von Brandenburg pro 9000 fl.
der fuert im mit im aus dem Land in sein eigen Schlos gen
Katelspurg, da behielt er in bey einen halben Jar, und gab
in darnach Herzog Ludwigen der Herzogs Heinrichs sun was,
umb 30. M. Fl. (das ist 30000 fl.) also ward der alt Herr
zwei mal verkauft, ainest von seinem sun, das ander von dem
Marggrafen 88). Hier war nun ein vornehmer Gast zu Ka-
dolz-

87) In des Herrn Hofrath
Oefele Scriptor. Rer. Boi. Tom. I.
pag. 273.

88) Der Herzog soll mit dieser
Gefangennehmung nur gescherzet
und gesaget haben, er seye besser
als

bolzburg 89), der nichts gekostet hat und der alles theuer bezahlen mußte. Aber warum hat der Markgraf Albrecht den Herzog nach Kabolzburg fuhren lassen? Da dieser Herzog regierender Herr und noch dazu ein Anverwandter von ihm war: so wollte ihm der Markgraf eine Ehre anthun und ihn in seiner Residenz verwahren. Sodann war Kabolzburg der vesteste und sicherste Ort in dem Burggrafthum Nürnberg unterhalb des Gebürgs; Denn die Residenz Schlößer waren unter allen Schlößern am beßten

als sein Herr; denn dieser seye nur um 30 Pfenninge verkaufet worden, er aber um 30000 Rheinische Gulden; wie in des Herrn Hofrath Oefele angezogenen Buch Tom. II. pag. 569. berichtet wird.

89) Falkenstein führet im dritten Theil der Nortgauischen Alterthümer S. 261. aus Rentschens Brandenburgischen Cederhain an, der Herzog seie nach Onoldsbach geführet worden. Man muß aber einen damals lebenden Geschichtschreiber mehr glauben als einen neuen. Zu Onoldsbach wäre der Herzog auch nicht so sicher gesessen als zu Kabolzburg. Zwar saget auch der *Vitus* Prior Ebersberg. in *Chron. Bavar.* in Herrn Hofraths Oefele Scriptor. *Rer. Boi. Tom. II. pag. 728.* der Herzog seie nach Onoldsbach geführet worden, wenn er schreibet: Audiens autem *Albertus* Marchio Brandenburgensis mortem Ludwici junioris, sive Gibbosi, dolose cepit Ludwicum cognomento Barbatum, quem secum ducens in oppidum Anspach (illic enim Marchiones Brandenburgenses Residentiam communiter habent) cupiens extorquere maximam pecuniae summam a Ludwico, sed non potuit, Ludovicus enim vir erat animosus, prudens sed inquietus; semper enim et quoad vixit, litteras et controversias habuisse legitur. Nec ipse per provinciales neque per judices inclinari potuit, neque minis aut blandimentis vt Marchioni Alberto pro liberatione daret quicquam; aber dieß sind lauter Unrichtigkeiten, was hier vorgetragen wird. Also ist auch das falsch, was von Onoldsbach gesaget wird. Der Geschichtschreiber hat auch damals nicht gelebet.

beßten verwahret. Deswegen ließ der Markgraf den Herzogen nach Kadolzburg führen. Ist dieß noch kein deutlicher Beweis, daß der Markgraf zu Kadolzburg residirt habe: so wird sich dieß durch einen Umstand vom folgenden 1440. Jahr noch beßer zu Tage legen. Der damalige Bischof zu Würzburg Sigmund, geborner Herzog von Sachsen, ein Schwager des Markgrafs Albrecht; lebte mit seinem Domcapitel in solcher Uneinigkeit, daß er genöthiget wurde mit einigen vom Adel von Würzburg in der größten Stille weg und zu dem nächsten und beßten Freund zu gehen. Er kam nach Uffenheim und von da aus graden Wegs nach Kadolzburg 90); von da aus aber ging er gleich nach Onolds‑ bach. Warum aber zu erst nach Kadolzburg? Dieß geschah des‑ wegen, weil diese Burg die Residenz des Herrn Markgrafens und er auch damals gegenwärtig war. Hätte der Markgraf zu Onolds‑ bach residiret: so würde der Bischof grades Weges dahin gegan‑ gen seyn. Der Bischof hätte den Kurfürsten auch zu Onolds‑ bach erwarten können. Aber er hielte es dem Wolstand gemäs ihm zu Kadolzburg zu erst einen Besuch abzustatten. Eben des‑ wegen erwartete ihn der Kurfürst an diesem Ort und nicht zu Onoldsbach. Und auch daraus leget sich zu Tage, daß Ka‑ dolzburg die Residenz des Kurfürstens gewesen seie. Nachdem er bei dem Hrn Markgrafen seine Visite abgestattet hatte: so ging er deswegen nach Onolosbach, weil die Bischöffe von Bam‑ berg, von Eichstätt und von Augspurg auf sein Ansuchen dahin gekommen waren, um ihn zum Bischofen einzuweihen. Und hier wurde Onoldsbach deswegen Kadolzburg vorgezogen, weil daselbst eine ansehnliche Stiftskirche war, und sich auch dort mehrere Geistliche, als in Kadolzburg befänden. Der Hr. Mark‑ graf war bei dieser Handlung auch gegenwärtig. Er hielte sich auch

90) Dieß berichtet Fries in der Würzburgl. Chronick S. 771.

auch auserdem öfters zu Onolsbach auf, wie so viele Urkunden bezeugen; aber deswegen war es nicht seine Residenz. Nur Kadolzburg war dieß. Und diese Burg blieb seine Residenz auch, da ihm sein Bruder die Markgrafschaft Brandenburg abgetretten hatte, und er wegen der vielen Kriege, in welche er verwickelt war, genöthiget wurde, sich meistens in den Fränkischen Landen aufzuhalten. Den Beweis hierüber soll dieser Herr selbst ablegen. Es geschiehet dieß in einem Schreiben 91), welches er im J. 1479. an dem K. Friderich erlassen hat. Da es von einem sehr merkwürdigen Innhalt ist: so will ich es gleich hieher sezen. Es lautet also: Allergnedigster herr, Als mir ewr gnad geschriben hat, zu kommen in meines Oheims des Pfalzgrafen sach, des wer ich ewrn gnaden schuldig auch williig, wo mein sach also gestalt were, wie dan ewr Majestat briefe anzaigt. Ich wer sein auch meiner freuntschafft vnd mir wol schuldig, Aber so mein sach also gestalt sind, wans ich das ewr gnad lieber sihet, das ich pleib, dann rent, doch ist es nicht erger dann zu Augspurg vnd zeuch in den kulen 92) zu zeiten an die gejand 93) auff einem wagen vnd erlust mich in der nehe von einem meiner Sloß zu dem andern als der, der

sich

91) Ich habe selbiges der Vorsorge des berühmten Herrn Regierungsrath Spies nebst antern zu danken.

92) Kulen, das ist külen. Die Alten hatten kein ü. Doch sprachen sie da u wie ein ü oder wie doppeltes i aus.

93) Gejayd so sagte man damals an Statt Jagd. Es ist ab Buch des Aegidii Albertini unter dem Titel bekannt: Christi unsers Herrn Königreich und Seelengejaidt, darinnen tractiret wird von der Beschaffenheit des Reichs Christi; item von den Mitteln, mit denen er die verführte Seelen fahet. München 1618. in 4. darinn kommt unter andern vor, was Christus für ein Obrister Jägermeister seie und was für Jäger er habe.

sich gern mit rate der erzt durch die hilfe gotes enthielt, das ich nit legerhafft wurd in der hitz, darnach an dem fruling des herbsts ertzenez nem, vff das ich gesunder zu Augspurg, ein got will, ewrn gnaden dienen mocht, do ich gewisslich mit gots hilfe bej ewrn gnaden sein will, so bald' ich hor 94), das ewr gnad darkomm sej, vnd wolt, das ewrer kayserlichen Majestat sach sich also schikt, das ewr weg dafur stund, das ir gewißlich auff nativitatis marie zu Catolzpurg bej mir vnd ewr Dienerin meiner gemahel sein solt, bis die prunft vergieng, Wann ich, ewr gnad solt sehen, daß euch gefiel von lustbarkeit des wandwerks 95) anders dan vor 96), vnd wolt mich sein freuwen, das ich meinen rechten hern in meinem Haus haben solt, nichts anders dann lustbarkeit zu gebrauchen, vnd empfihle mich ewrn gnaden als meinem gnedigsten hern. Datum Swobach 97) am freytag nach sant Marien Magdalen tag Anno Dominj cccc lxxjjj.

An kayser.

94) Hor, hör. Die Alten hatten auch kein oe.

95 Waidwerks, von welchen capere, venari, Weide, venatio, Weidman, venator, Weidmesser, cultor venatorius. Weidewerk ist also eine Beschäftigung mit der Jagd.

96) Anders als vor. Vor' ist so viel als ante.

97) Swobach. Die Alten hatten kein sch. Dieß kam erst in den neuern Zeiten auf. Darum stehet hier Swobach. Faltenstein eifert in der Swabacher Chronic wider diejenigen heftig, welche Schwobach und nicht Schwabach schrieben. Es ist wahr, dieser Ort hat seinen Namen von Schwaben. Es ist aber bekannt, daß man das a in o verwandelte. Vor, nehmlich thaten sie dieß in den Worten wo zwei a auf einander folgten, und wo man den Mund so weit aufmachen muß, als bei Schwabach. Aus dieser Ursache verwandelten sie das erste a in ein o. Es ist also keine Sünde, wenn man Schwobach redet oder schreibet.

Das ist ein sehr merkwürdiges Schreiben, welches im Ton der Freundschaft verabfaßet ist. Hier schreibt nicht der Kurfürst an den Kaiser. Vielmehr schreibt ein Freund an den andern. Wer da weiß, wie der Kurfürst mit dem Kaiser daran war, wie dieser sein größter Liebling war und wie er durch den Kaiser das ganze deutsche Reich regieret hat, der wird sich über dieß Schreiben nicht wundern. Im selbigen Schreiben sagt der Kurfürst, er ritte von einem Schloß in das andere auf die Jagd. Dieß schrieb er von Schwobach aus. Und dieß Schwobach gehörte auch mit zu den Schlössern des Kurfürsten. Also muß der Kurfürst in der Nähe seine Residenz gehabt haben. Und wo kann diese anders gewesen seyn, als zu Kadolzburg? Dieß leget sich aus dem folgenden dieses Schreibens auf das deutlichste zu Tage. Der Kurfürst ersuchet den Kaiser, er mögte auf Maria Geburt, d. i. am 8 Sept. zu ihm nach Kadolzburg kommen. Es ist sonderbar, daß der Kurfürst den Kaiser so gar den Tag bestimmet, an welchen er nach Kadolzburg kommen sollte, zu einen deutlichen Beweis, daß er bei dem Kaiser besonders wol gelitten gewesen. Er setzt hinzu, es sollte ihm eine Freude seyn, wenn er seinen rechten Herrn in seinem Haus haben würde. Er nennet Kadolzburg, das ist das Schloß daselbst, sein Haus. Das Wort Haus, welches ehehin Hus geschrieben wurde, hat verschiedene Bedeutung. Es bedeutet überhaupt eine Bedeckung, unter welcher man sicher ist. Im vorzüglichsten Verstand aber bedeutet das Wort Haus ein Residenzschloß 98), von welchem
viele

---

98) Daß das Wort Haus eine Residenz bedeute, darüber hat man unzählige Beweise. Ich will nur zwei beibringen. So schreibet der Hr. Markgraf Casimir in Herrn geh. Rath von Jung Hoheit den Kais. Landgerichts S. 579. unsere lieben getrewen Hannsen von

viele vornehme Herren hergekommen sind. So sagt man das Haus Habsburg, das Haus Oesterreich, das Haus Brandenburg u. s. w. In diesem Verstand gebrauchet der Kurfürst das Wort Haus. Er meinet das Schloß zu Kadolzburg, allwo er sich nebst der Kurfürstlichen Familie beständig aufhielte oder residirte. Hätte der Kurfürst ein anderes Haus oder eine andere Residenz in Franken: so würde er den Kaiser dahin eingeladen haben. Bedenket man nun dieß alles: so wird man handgreiflich überzeugt, daß Kadolzburg auch die Residenz dieses Herrn gewesen seie. Aber er war auch der lezte Herr aus dem Brandenburgischen Haus, welcher daselbst residirte. Seine Nachfolger nahmen dafür ihre Residenz zu Onoldsbach und dieß auch nicht auf einmal, sondern nach und nach. Nun fragt sichs noch: ob der Kaiser wirklich nach Kadolzburg gekommen seye? Nein. Er war von Kadolzburg zu weit entferner. Ueberdieß hatte er eine andere wichtige Reise vor sich. Doch, da dieser oft nach Nürnberg kam und Kadolzburg so nahe war: so wird er den Kurfürsten, mit dem er in so guten Vernehmen stunde, gewiß auch besucht haben. Dieß kann man schon aus seinem Schreiben abnehmen. Er meldet dem Kaiser, er wollte ihm mit dem Waidwerk eine Lust machen, anders dann vor, das ist, auf eine andere Weise oder besser als ehehin, oder ehemals geschehen ist. Also muß der Kaiser schon zu Kadolzburg auf der Jagd gewesen seyn. Und dieß ist so gleich ein Beweis, daß zu Kadolzburg müssen ganz besondere Jagdanstalten und Lustbarkeiten gewesen seyn. Sonst würde man den Kaiser nicht dahin geladen haben.

| An Seckendorf Statthalter und andern verordneten Räthen im Haus zu Onolsbach. Und S. 616. heißt es: den gestrengen | Von — — verordneten Stathaltern und Räthen im Haus Onolzbach. So schrieb der Magistrat in Nürnberg. |

Von seinem Prinzen Maximilian ist ein gleiches geschehen. So bald er gekrönet war und im J. 1489. das erste mal nach Nürnberg kam, sogleich ging er nach Kadolzburg zu dem Herrn Markgrafen Friderich und blieb daselbst vom 19 bis auf den 22. August. Gewiß kam er um der Jagd willen dahin; denn er war ein gewaltiger Jäger, ja der größte Jäger seiner Zeit. In den Wäldern um Kadolzburg fand er Gelegenheit genug, seine Kunst sehen zu laßen. O Kadolzburg! Was für ein berühmter und glücklicher Ort warest du nicht ehehin! Da nicht nur die Kaiser und andere vornehme Herren so oft bei dir einkehrten, sondern auch, weil so große Männer in dir gebohren worden, deren Nachkommenschaft bis zur kurfürstlichen und königlichen Würde hinaufgestiegen ist. Wie lebhaft, wie fröhlich mus es ehehin nicht bei dir ausgesehen haben! Aber, wie verlaßen, wie einsam und wie traurig stehest du nicht jezt da! Mögte doch dein jeziger glorreicher Beherrscher manchsmal einen gnädigen Blick auf dich thun! Hiebei ist noch zu bemerken, daß zu eben dieser Zeit als der K. Maximilian zu Kadolzburg war, ein andrer merkwürdiger Gast dahin gekommen ist. Es war dies D. Dietericht Morunger Domherr zu Bamberg und Würzburg. Dieser war bei dem K. Maximilian zu Nürnberg und als er am 26. August Abends aus der Stadt ritte: so ließ ihn der Markgraf Friderich durch Wolf von Lüchau aufheben und nach Kadolzburg bringen, aus der Ursache, weil er wider den päbstlichen Ablaß so sehr geeifert und welches der päbstliche Legat veranstaltet hatte. Von Kadolzburg mußte er auf dem rauhen Kulm wandern, allwo er bis 1498. und also neun Jahr gefangen saß. 99). In Kadolzburg wäre er eben so sicher gesessen; weil aber der Herr Markgraf noch immer dahin kam: so wollte er ihn von sich entfernen. Noch mus ich bemerken,

99) Wie unter andern die *Historia Norimberg. diplom. pag.* 628. berichtet. Dieser Domherr wurde nachgehends Pfarrer zu Hof.

sen, daß am äusern Schloßthor zu Kadolzburg das Zollerische und Burggräfliche Wappen nebst dem Brackenkopf und mit dem Sächsischen Wappen anzutreffen seye und welches oben in Kupfer vorgestellet worden. Dieß Denkmal rühret nicht von dem Burggrafen Friderich her, welcher zur zwoten Gemalin nur Herzogin von Sachsen hatte; wie dieß der Brackenkopf bezeuget, als der damals noch nicht geführet wurde. Vielmehr kommt dieß Denkmal vom Albrecht Achilles her 100), dessen zwote Gemalin

Anna

100) Dieser große Kurfürst starb zu Frankfurth am Main, da der Prinz Maximilian zum Römischen König erwählet wurde. Der Kurfürst wollte nicht zur Wahl und Krönung kommen und entschuldigte sich wegen seines Alters und kränklichen Umstände; aber der Kaiser ruhete nicht bis er kam; denn er glaubte die Wahl und Krönung wäre nicht feierlich genug, wenn dieser Kurfürst nicht dabei wäre. Nach geschehener Wahl und Krönung, da der Kaiser und der Römische König in gewöhnlicher Procession in Begleitung der Kurfürsten nach Haus gingen, ließ sich der Markgraf Albrecht dabei auf einem sametan Stuhl von acht adelichen Personen tragen. Sein Marschall ging voraus und zween Fränkische Ritter gingen auf beiden Seiten des Stuhls. Wenig Tage darauf starb er in dasigen Dominicaner Kloster, wo er sich baden wollte, oder schon im Bad war und wo auch sein Herz und Eingeweide im Chor selbiger Kirche begraben liegt. Als ihm die Seelenmesse gehalten wurde: so war der Kaiser, der Römische König, alle Kurfürsten, Fürsten und übrige Stände des Reichs gegenwärtig. Darauf wurde er von Rittern zu Schiff gebracht und der Kaiser, der Römische König, die Kurfürsten, Fürsten und die übrigen Stände des Reichs nebst einer unzähligen Menge Volks begleiteten ihn mit einer Procession bis an das Schiff. Ein solches Leichenbegängnis wird man noch nicht gesehen haben und wird auch nachgehends nicht mehr geschehen seyn, noch iemals mehr geschehen. Ein Beweis, daß dieser Kurfürst ein ganz ausserordentlicher Herr gewesen und im deutschen Reich in ei-

Anna eine Kurfürstliche Princeßin von Sachsen war. Dieser Thurn wurde in der Nürnbergischen Belagerung zerstöhret. Der Markgraf Albrecht Achilles ließ ihn wieder aufbauen zu Zeiten seiner zwoten Gemalin, deswegen stehen ihre Wappen daran.

§. 9.

Endlich muß ich die Wahrheit, daß Kadolzburg etliche hundert Jahre die Residenz der Herren Burggrafen und Markgrafen gewesen seie, damit verfüglen. Einmal hatte Kadolzburg ehehin den Vorrang vor allen andern Städten in dem Burggrafthum. So stehet in der Bethaidigung des Burggrafs Friderich zwischen seinen Söhnen der Succession halber vom Jahr 1385. daß das Niederland zu Franken ein Theil seie, darinn die Herrschaften, Städte, Burge seyn gelegen, das sein Kadolzburg, Zenne, Rostall, Neustadt, Wernsperg — Und in einer andern Urkunde vom Jahr 1437. heißet es: zu merken, wie mein gnedig Herren, Marggraf Johann und Marggraf Albrecht der land auf dem Birge und zue Franken von iren Vater Marggraf Friderich sellg mitenander gethailt sein, alsdenn hernach geschrieben stehet: zum ersten setzen und wollen wir, das das niederland zue Franken ein tail sey, darinn die Herrschaft, Stete und Burge sind gelegen, mit Namen Cadolzburg, Langenzenn, Rostall, Altenberg — Hier stehet nun Kadoldsburg voran und vor allen Städten und warum denn? Aus keiner andern Ursache, als weil es die Residenz der Herren Burggrafen und Markgrafen gewesen ist. Sonst ist keine Ursache zu finden, warum diese Burg allen Städten im Burggrafthum seie vorgezogen

nen besondern Ansehen gestanten sei. Obiges berichtet ein Augenzeuge ein Fränkischer Ritter Michael Ehenheim in des Herrn Geheimenraths von Jung *Miscell. Tom. III. pag. 343.*

zogen worden. Ebendeswegen wurde auch zu Kadolzburg, wie leicht zu erachten, das Burggräfliche Archiv verwahret. So stehet in der Disposition des Herrn Kurfürsten Albrecht Achilles vom Jahr 1473 101). Wir ordnen, sezen und wollen auch, daß alle Privilegia von Bullen, Handvesten und andere Briefe, zu der Marck zu Brandenburg und demselben Landen gehören, in der Marck bleiben, und durch den der die Märck Innen hat, der Herrschafft und den Landen zu gut, getreulich verwahret werden sollen, Wo und wie Ihn daß am aller bequemlichsten sicher= sten und besten bedünket, So sollen alle Privilegia, Bullen, Hand= Vesten und andere Briefe die zu den Land zu Francken gehören, zu Cadolzburg, und die so zu dem Gebirge gehö= ren, zu Plassenberg liegen, und verwahret sein, Ihnen allen zu gut, und zu Ihr ieglichen Nothdurfft. Man darf nicht glauben, daß damals das Archiv erst nach Kadolzburg gebracht worden seie. Es war schon lange da. Nur verordnet der Kurfürst Albrecht, daß es für beständig da bleiben sollte, welches auch der Markgraf Friderich 1507. also verordnet hat, aus dem Grund, weil Kadolzburg damals der vesteste Ort in dem Unter= lande war, so wie Plassenburg im Oberland und deswegen auch das Archiv dahin kam. Das Archiv war aber deswegen schon in den ältesten Zeiten zu Kadolzburg, weil die Herren Burggra= ven dort residirten. Ebendeswegen wurde auch das Kaiserliche Landgericht nach Kadolzburg verleget 102); damit die Herren Burg=

101) Diese Disposition befindet sich nebst andern merkwürdigen Ur= kunden in der oben angezogenen Königl. Preußischen Deduction.

102) Daß das Kaiserl. Land= gericht, so wie auch andere Kai= serl. Landgerichte, mußte ehehin an vier bestimmten Enden oder Or= ten gehalten werden, das ist be= kannt. Nachgehends wurde es an mehreren Orten gehalten.

Burggrafen und Markgrafen dieß Gericht konnten in der Nähe halten 103). Und dieß mag auch die Ursache seyn, warum der K. Carl der vierte Kadolzburg auch zu einer Münzstätte privilegiret hat 104).

Vierter Abschnitt.

§. 1.

Da nun die Herren Burggrafen und Markgrafen zu Kadolzburg residirten: so sollte jezt auch gesaget werden, wo ihre

103) Daß das Kaiserl. Landgericht zu Kadolzburg ist gehalten worden, davon wird unten ein merkwürdiger Beweis unter den Beilagen zu lesen seyn; da eine Markgräfin sich selbst vor das Landgericht zu Kadolzburg gestellet hat. Der Kurfürst Albrecht Achilles hat einmal auch die Unterthanen des Herzogs in Baiern vor das Landgericht nach Kadolzburg geladen, darüber aber ein großes Feuer entstanden ist. Er ließ auch ein neues Landgerichts Sigel stechen, welches ich im ersten Versuch der Burggräflichen Geschichte habe im Kupfer abbilden lassen. Und dieß that er ohnfehlbar deswegen, um seinen Vorladungen ein besto größe-

res Ansehen zu geben. Wo aber das Kaiserl. Landgericht zu Kadolzburg gehalten worden, das weiß man nicht. Es wurde öffentlich gehalten, das ist gewiß, und vielleicht an der Stätte, welche der Kraftstein genennet wird. Bei großen Steinen und auf Steinen wurden die Landgerichte insgemein gehalten. Man darf nur an das Stein bei der Rednitz gedenken, wo das Kaiserl. Landgericht auch gehalten wurde. Anderer Exempel nicht zu gedenken.

104) Unter den Beilagen wird der Beweis zu lesen seyn. Doch glaube ich nicht, daß die Herren Burggrafen und Markgrafen haben daselbst münzen lassen.

Kanzlei 105) gewesen, wie sie bestellet worden, oder wer ihre Räthe gewesen und wer die Feder geführet hat. Da dieß aber hier würde zu weitläuftig werden: so soll an einen andern Ort hievon umständlicher gehandelt werden, wozu schon das meiste bereitet ist. Nur will ich jezt etwas von den dasigen Beamten sagen und auch einige von den merkwürdigsten namhaft machen, welche der selige Walther in seinem Kadolzburgischen Denkmal nicht beigebracht hat. OberAmtleuthe gab es damals weder in Kadoldsburg, noch an andern Orten. Dergleichen Personen hießen ehehin nur **Pfleger, Voigte, Amtmänner.** Alle drei Worte oder Namen hatten einerlei Bedeutung. In dem Kadolzburger Denkmal wird gesaget (15), daß die Beamten daselbst mögten im funfzehenden Jahrhundert aufgekommen seyn; aber dieß ist gefehlet. Kadolzburg mus schon in den ältesten Zeiten seine Beamte gehabt, und ehender als die Herren Burggrafen ihre Residenz dahin verleget haben. Die ersten Besitzer dieser Herrschaft mußten, wie leicht zu begreifen, ihre Beamte daselbst haben. Sie sind aber dem Namen nach nicht bekannt und daran liegt weiter nichts. **Albrecht von Eglofstein** ist der erste, welcher im J. 1441. in einer Urkunde in der bekannten Bamberger Deduction also vorkommt: Ich Albrecht von Eglofstein zu Reicheneck, der Zeit Voigt zu Kadolzburg — Auf ihn folgte Heinrich von Auffses, Ritter, im Jahr 1457. welcher **Pfleger** hieß. Nach ihm kam Albrecht Stieber 106) vom

105) Daß man ehehin keine Gebäude hatte, die Kanzleien hießen, wie jezt, das ist bekannt.

106) Er war aus der adelichen Familie der Stieber von Buttenheim, welches alte Geschlecht vor wenig Jahren abgestorben ist. Es führete den Zunamen Stieber von seinem Wappenbild. Dieß war ein Bitter Schweinsspies, welcher ehehin Stieber genennet wurde. Darnach bekam diese Familie den

vom J. 1478 — 1484. welcher Rath und Amtmann heißt; aber dieß schon 1470. war. Er mag ein verständiger Mann gewesen seyn. Dieß kann man schon daher abnehmen, weil damals die Ambtleuthe, welche alle vom Adel seyn mußten, auch sogleich die Räthe der Herren, nämlich die geheimen, Hof, Lehen und andere Räthe waren, ob sie gleich nicht so hießen, und allemal beruffen wurden, wenn ihr Herr einen wichtigen Rath zu halten hatte. Von einem Amtmann zu Kabolzburg wurde dieß um so mehr erfordert, weil er den Herren Burggrafen und Markgrafen so nahe war. Der Albrecht Stieber mus aber auch aus diesem Grund ein verständiger Mann gewesen seyn, weil er bei einer Conferenz zu Forchheim gebraucht wurde. Denn so stehet in einer noch ungedruckten Nachricht: 1476 Conferenz zu Forchheim, dabei gewesen: Sebastian von Seckendorf Nolt genannt, Hawßvoigt, Albrecht Stieber, Amptmann zu Kadolzburg, Erhart Truchses Amptmann zu Bayrstorf, Wolfgang von Stolzenrod Amptmann zu Erlangen vnd Johann Volker Secretarius — Noch mehr zeuget dieß davon, daß er auch zum HofgerichtsAssessor oder wie man damals redete, zum HofgerichtsRath genommen wurde. Denn so stehet in einer noch ungedruckten Urkunde vom Jahr 1481. Ich Sebastian von Seckendorf Nolt genannt HausVoigt — bekenne, daß für mich alls Hofrichter des Durchleuchtigen Hochgebornen Fürsten und Herrn 2c. alls ich mit sampt den hernachgeschrieben reten (Räthen) seiner Gnaden Hofgericht besessen heit auf rechtliches vertragen in recht kommen vnnd erschinen sind der Erwirdig Herr Eberhart Abt zu Heidenheim eines vnnd Contz Enßen von Gnozheim annders teils — vnnd sind das die rete die dazumall auf hewt Dato

den Zunamen Stieber. Es ist bekannt genug, daß viele andere Familien Zunamen von ihren Wappenbildern bekamen.

97

Dato am Hofgericht gesessen sind mit namen die wirdigen gestrengen und hochgelehrten Erbern vnnd vesten Christophel von Auffes Hawsvogt alle **Hofrichter Rete**, Herr Stefan Schench Dechant Her Niclaus Mylhewser, licenziat vnnd Scolastick des Stifts zu Onnoltsbach, Her Connrat von Berlichingen, Her Hilpollt von Hausen, Altere, Her Johann von Talheim doctor, Her Johann Pfottel doctor, ludwig von Eybe, Hanns von Seckendorf zu Nydernzenn, **Albrecht Stieber**, Albrecht von Blbern — An einem äusern hohen Thurn zu Kabolzburg siehet man ganz oben das Stieberische Wappen nebst einer Schrift, welche aber vom Wetter so beschädiget ist, daß man sie nicht lesen kann. Die Auffschrift soll unfehlbar bezeugen, daß der Albrecht Stieber diesen Thurn erbauen lassen, oder zu seiner Zeit erbauet worden. Die Nürnberger haben im J. 1434. Kabolzburg im Grund ruiniret. Der Stieber wird also diesen Thurn haben wieder aufbauen lassen. Deswegen wurde sein Wappen daran gesezet. Die folgenden Amtmänner und Obermänner hat der so verdiente Herr Hofrath Stieber in der Beschreibung des Fürstenthums Onolsbach unter Kabolzburg schon alle beigebracht. Daher ist nicht nöthig sie hier zu wiederholen. Nur der iezige Herr Oberamtmann, der dort fehlet, muß angezeiget werden. Es ist selbiges S. T. Herr **Friderich Carl** Reichsfreiherr vom **Falkenhausen**, geheimer Rath, welcher im J. 1762. zu dieser Würde gelangte. Ein vortreflicher und von jedermann verehrter Herr! welcher diese Würde mit so vielem Ruhm, und Gott gebe bis aufs höchste Ziel, bekleidet.

§. 2.

Zu den alten Kastnern müssen noch diese gesezet werden. Hanns Maurer 1421. Hanns Castner 1444. Johann

N May

May 1462. Jobst Ayl 1467. Endres Kroner 1469 — Zu den lezigen Zeiten aber kam 1754 an des Herrn Kastners und CammerRaths Johann Georg Herbst Stelle dessen zweiter Sohn Herr Johann Philipp Friderich Herbst, welcher nach erhaltenen Prädicat als Hofrath 1776. nach Ostern verstorben ist. Ihm folgte in eben diesem Jahr Herr Johann Georg Rögner, von Schwobach gebürtig. Er war vorher Staldt=Voigt und InquisitionsRath zu Langenzenn und im Jahr 1779. erhielte er den Character als HofCammerRath. Er ist ein Mann, welcher sich sein Amt lässet sehr angelegen seyn, und auch dazu alle Geschicklichkeit besizet. Der damalige AmtsRichter zu Kadolzburg, welcher an des Herrn Hertels Stelle gekommen, ist Herr Johann Friderich Jung von Uffenheim gebürtig. Er kam zu diesem Amt 1768. und 1774. erhielte er den Character als CammerRath. Er ist ein Mann, welcher seinem wichtigen Posten wol vorstehet und alle dazu gehörige Eigenschaften hat. Bei der AmtsSchreiberei kam an Herrn Bernholds Stelle Herr Georg Thomas Kundinger von Windsbach, der aber im vorigen Jahr 1783. wieder verstorben und dem vor kurzen Herr Schlegel von Gunzenhausen gebürtig, gefolget ist. Actuarius aber wurde im Jahr 1779. Herr Georg Philipp Wunderer, nachdem Herr Stellwag an einem andern Ort gesezet worden ist.

Fünfter Abschnitt.

§. 1.

Nun mus ich auf den geistlichen Zustand von Kabolzburg kommen. Ich mus etwas von dasiger Pfarr und deren Pfarrherren sagen 107). Der selige Walther schreibet in dem Kaboldsburgischen Denkmal (S. 32.) daß in Kaboldsburg vermuthlich nur ein Meßpriester (Sacrificulus) ehehin gewesen seie, der sein Amt in der Kapelle zur h. Held gehabt hätte. Aber, dieß kann nicht seyn. Dergleichen Kapellen hatten keine eigene Geistliche, weil sie nicht viele Einkünfte hatten und also davon niemand leben konnte. Und auch die Kapelle zur h. Held hatte sehr wenige Einkünften, welche meistens zur Erhaltung ihres Gebäuds, zu flickern und andern mußten angewendet werden 108).

107) In den lateinischen Urkunden heißen die Pfarrer Rectores, wie sie Regimen populi hatten. Dieß kann man in so vielen Urkunden sehen. Ich will deswegen aus Wibels hohenlohischen Kirchenhistorie zweiten Theil S. 341. nur dieß beibringen: Rector dictae ecclesiae curam animarum et *regimen populi* dictae villae, tanquam verus Plebanus et Rector genere et valeat gubernare — Die lateinischen Schullehrer hiesen auch so, aber diese waren Rectores parvulorum, wie sie in den Urkunden genennet werden.

108) Sie hatte überhaupt nicht viele Einkünften. Man kann dieß aus dem abnehmen, was in dem Landbuch über das Schloß, den Markt und das Amt Kabolzburg vom Jahr 1532. Fol. 109. von dem Einkommen der Brüderschaft zur heil. Heide also geschrieben stehet:

Ein wiesen bey Habersdorf unter dem Steig gelegen, ertregt jehrlich IIII. gulden.

Ein

Folglich konnte man daran keinen eigenen Priester unterhalten. Insgemein verſahen die Frühmeſſer der Pfarr dergleichen Kapellen.

Ein wieſen beym Herbolzhof an der Bibert gelegen ertregt jehrlich IIIII. Gulden.

Ein wieſen in Prumloch, ertregt jehrlich I. glben. VI. mezen Korns Heinz Winckler von drey morgen ackers hinter dem Puch beyn Grotſchenloh gelegen.

IIII. mezen Korns Hans Wolck von Gunnersdorf von zweyen morgen ackers bey Roßendorf gelegen.

IIII. mezen Korns Mathes Bertold zu Roßendorff von dreyen morgen velds daſelbſt. Ein ſchlag, ſo man vor einem Jar abgeholzt.

Im J. 1445. bekam dieſe Kapelle eine neue Stiftung; aber ſie wollte auch nicht viel bedeuten. Der Stiftungsbrief lautet alſo:

Wir Albrecht von Gotes Gnaden Marggraue zu Brandenburg und Burggraue zu Nürnberg bekennen offentlich mit dem Brieve fur vns alle vnſer erben und Nachkumen, das fur vns kumen ſeyn vnſer Lieb getrewe der alt Reiter von Greimßdorff, Hanß Scheſhofer zum Scheſhoff und Cunz Mader die zeit heiligenpfleger der Cappeln des heilgen Nothelffers ſant Gilgen zu der heilgen Haid bey Cadolzburg vnd haben vns furbracht wie Peter Volzpart und Cunz Schneider ſiben Morgen Ackers genannt die Weyerleit die von vns vnd vnſer Herſchafft zu lehen geen vnd die Jn vnſer lieber Herr vnd Vatter ſelliger fur verſchwiegene lehen gelihen hett zu der egenanten Capellen gegeben haben vnd vns fleiſiglich und bemütigllchen gebeten ſolch ſiben Morgen Ackers derſelben Capeln zu aygnen, dem almechtigen Got zu Lobe, dem lieben heylgen Crewtz vnd dem heilgen Nothelffer ſant Gilgen zu eren, auch fleiſiger Bete wegen der obgenannten Heiligenpfleger haben wir der benannten Capellen die obgeſchriben ſiben Morgen Ackers ſo vil vnd an vns iſt geaygnet vnd eygnen Jr die in Crafft diß Brifs als dann aygens gut recht iſt, alſo das die obgenanten Heilgenpfleger oder Jr

ken und man darf weiter so schlüssen: Wo ein Sacrificulus ist, da mus auch ein Pfarrer seyn. Kurz zu sagen, der Frühmesser an der Pfarr Kirche zu Kadolzburg war auch so gleich der Frühmesser bei der Kapelle zur h. Held und davon unten der Beweis vorkommen wird. Kadolzburg mus von uralten Zeiten her eine Pfarr Kirche gehabt haben. Dieß läßet sich schon von daher abnehmen, weil diese Pfarr nur an Zehenden über 160. S^t. Getrald hatte. Diese Zehenden sind sichere Beweise, daß die Pfarr Kadolzburg eine uralte Pfarr seie; denn Zehenden hatten die Kapellen eigentlich nicht. Daher findet man so viele Pfarren, welche wenig oder gar keine Zehenden haben, und dieß kommt daher, weil sie vorher Filial Kirchen gewesen sind. Die Zehenden aber waren die Besoldungen der Pfarrer; denn Geld-Besoldung gab es damals nicht. Es ist dabei bedenklich, daß die dasige Pfarr Kirche so tief oder in einem Thal lieget und das Schloß und der Ort so hoch und es also sehr beschwehrlich ist, in die Kirche zu gehen. Es hatte aber seine Ursachen, warum man die Kirche an diesen Ort zwar in der Tiefe, aber doch auf einen Hügel bauete. Unsere Vorältern kamen aus Asien und brachten die alte Patriarchalische Religion mit nach Deutschland. Sie glaubten Gottes unsichtbare Wesen lasse sich in kei-

nen

Jr nachkummen dieselben siben Morgen Ackers un fürbas von der obgenanten Capellen wegen wenden, seten und damit thun und lassen sullen und mugen nach der Capellen nuz frumen und pesten, als mit andern äigen Gutem von vns vnsern erben und nachkumen vngehindert und vneinsprechlich ohn alles ge- uerde. Des zu vrkund geben wir In diesen Brief mit onsern anhangenden Insigel versigelt. Geben zu Onolzbach am Samstag nach Sant Veits tag nach Christi onsers Herrn Geburt vierzehen hundert Jar und darnach In dem funff vnd vierzigsten Jare.

nen Tempel einschlüßen. Daher hielten sie ihren Gottesdienst, wie die Patriarchen, in den Wäldern unter großen Bäumen; wie oben schon erinnert worden. Wo unsere alten Deutschen ihren Gözendienst hatten, an diese Stätte wurden in christlichen Zeiten die Tempel gebauet. Ganz gewiß wurde auch an der Stätte, wo diese Kirche stehet, ehehin Gözendienst gehalten. Sonst würde man sie in die Höhe an einen bequemern Ort gebauet haben. Und auch dieser Umstand überzeuget mich, daß diese PfarrKirche uralt seyn müsse. Es ist auch in h. Held ehehin Gözendienst gehalten worden; aber die Stätte, wo die Pfarrkirche ist, mag den Alten noch heiliger gewesen seyn. Deswegen wurde diese Kirche dahin gebauet.

§. 2.

Was aber die Pfarrherren anlanget, welche an dieser Kirche gestanden sind: so fängt der selige Walther mit dem vierzehenden Jahrhundert an und saget dabei, daß weil diese Pfarr so herliche Einkünfte gehabt hätte, verschiedene Cavaliers und andere ansehnliche Männer dadurch bewogen worden, sich zu diesen Dienst gebrauchen zu laßen, welches auserdem würde nicht geschehen seyn. Es ist aber hiebei zu bemerken, daß ehehin alle Pfarren von adelichen, von gräflichen und so gar von fürstlichen Personen sind besezet worden. Selten kam einer vom gemeinen und bürgerlichen Stande dazu 109). Man darf sich daher nicht wundern, wenn man in Kadolzburg Pfarrer und Kapläne antrift, welche vom adelichen Stand gewesen sind. Dabei mußten sie auch besonders verständige und gelehrte Männer
seyn.

---

109) Die Ursache habe ich in der Schrift: Der Arzt in Deutschand in den ältern und mittlern Zeiten historisch vorgestellet, umständlich angezeiget.

seyn. Denn sie wurden, da die Herren Burggrafen daselbst residirten, bei der Burggräflichen Kanzlei gebraucht, weil damals noch keine solche Einrichtungen, wie iezt, waren, und besonders mußten sie in selbiger die Feder führen können. Und da die Herren Burggrafen das Lehenrecht über die Pfarr Kadolzburg hatten; (und dieß Lehenrecht erbten sie nebst der Herrschaft, weil der Erbauer der Kadolzburg auch die Kirche daselbst erbauete, sie mit Güttern begabte und daher, wie gewöhnlich, für sich und seine Erben das Recht die Pfarr besezen zu dürfen, vorbehielte; denn dergleichen Rechte hatten damals nicht alle Herren in ihren Herrschaften, sondern die Bischöffe hatten in ihrer Dioces die meisten Pfarren zu vergeben) so konnten sie sich allemal tüchtige Personen wählen. Nur ist es Schade, daß man sie nicht alle kennt. Das Kabolsburgische Denkmal fänget mit dem vierzehenden Jahrhundert an. Man kann aber weiter zurück gehen. Denn in der Urkunde vom Jahr 1267. vermöge welcher der Herr Burggraf Friderich seine HofCapelle in Nürnberg dem dasigen EgidienKloster übergiebet und welche oben in einer Anmerkung beigebracht worden, kommt unter den Zeugen ein Dominus Fridericus Decanus de Cadelspurch vor. Hiebei ist zu bemerken, daß zu Kadolzburg ordentlich kein Dechant war. Dieser war eigentlich zu Langenzenn; denn hier war der Capitelstuhl oder der Sedes ruralis. Die Dechante wurden damals, wie in der Katholischen Kirche noch geschiehet, von den Brüdern des Kapitels erwählet und nachgehends dem Bischoffen zur Bestättigung präsentiret. Der erwählte und vom Bischoffen bestättigte Dechant blieb insgemein auf seiner Pfarr, wenn sie besser war, als diejenige, wo der Capitelstuhl sich befand. Aber, wenn ein Kapitel gehalten wurde: so mußte es nothwendig an dem Ort geschehen, wo der Kapitelstuhl war. Der obige Friderich war

war Pfarrer zu Kadolzburg. Das Kapitel zu Langenzenn aber hatte ihn zu seinem Dechant erwählet. Er blieb aber immer zu Kadolzburg, und der Pfarrer zu Langenzenn war nicht Dechant, sondern der Pfarrer zu Kadolzburg war dieß. Vermuthlich war er ein gelehrter Mann, welchen der Herr Burggraf gebrauchen konnte. Dieß mag auch eine von den Ursachen seyn, warum er zu Kadolzburg geblieben ist; obgleich die Pfarr Langenzenn noch einträglicher war, als die zu Kadolzburg. Von was für einem Geschlechte dieser Dechant Friderich gewesen seie, das ist unbekannt. Wäre das Burggräfliche Haus damals zahlreich gewesen: so könnte man auf den Gedanken kommen, daß dieser Friderich aus dem Burggräflichen Hause entsprossen gewesen seie. Denn der Name Friderich war damals in Franken nur bei dem Burggräflich Nürnbergischen Hause, und sonst, so viel ich weiß, bei keiner Familie bekannt, oder so gewöhnlich, wie in einem Hause. Da aber jenes nicht war und es auch in der Urkunde wäre bemerket worden, daß er ein Anverwandter des Herrn Burggrafens Friderich seie: so kann er wol nicht aus dem Burggräflichen Hause gewesen seyn. Doch war er ohnfehlbar aus einem andern vornehmen adelichen Hause. Seine Nachfolger sind nicht bekannt. Der erste aus dem vierzehenden Jahrhundert heißt im Kadolzburgischen Denkmal M. **Johann von Baireuth**. Der TodenCalender der StadtKirche zu Baireuth aber nennet ihn deutlicher. Denn so stehet in selbigen: unter dem Monath Märzen: Circa Dominicam Iudica anniverfarium suum primum celebrari instituerunt Otto *Hollfelder* civis Baruthinus et Caecilia huius vxor, M. *Iobannes Hollfelder* Pastor in Cadoltzburg et Canonicus in Würtzburg, M. *Thomas Hollfelder* Pastor in Leutershausen et Canonicus in Würtzburg 110). Es mag dieß

110) Es ist Schade, daß nicht bemerket worden, wenn dieser Hollfelder

dieß ein reicher Mann gewesen seyn 111). Sein Nachfolger war Johann von Seckendorf Pfarrer zu Langenzenn. Gar leicht kann er eben derjenige gewesen seyn, der Pfarrer zu Kabolzburg war. Denn diese Pfarr war wegen der vielen Zehenden noch einträglicher, als die zu Kabolzburg, wie schon bemerket worden. Sein Nachfolger Friderich Eryselmann, ein Culmbacher von Geburt, hat sich besonders hervorgethan. Er war vorher Burggräflicher HofKaplan, und ist eben derjenige, welcher in dem oben angezogenen Stiftungs Brief der Frühmeß fe zu Kabolzburg unter dem Namen Herr Friderich unser Caplan vorkommet. Und hier muß noch untersuchet werden, warum der Herr Burggraf diese Frühmesse gestiftet habe. Warum stiftete er sie denn? Nicht um seiner willen, wie leicht zu erachten ist. Diese Messen nehmen gleich mit Anbruch des Tags ihren Anfang, und dieß war keine bequeme Zeit für die Herren. Eigentlich wurden diese Messen um der Reisenden und Hirten willen gehalten. Aber die Reisenden und die Hirten können den Herrn Burggrafen nicht bewogen haben, diese Messe zu stiften.

Auch selber gestorben ist. Im Jahr 1415. war Johann von Hollfeld Pfarrer zu St. Lorenz, wie die diplomat. Historie von Nürnberg S. 543. und das Nürnbergische Zion bezeugen. Gar leicht könnte er eben derjenige seyn, welcher Pfarrer zu Kaboldsburg gewesen ist. Doch wird er in dem Nürnbergischen Zion nicht Hollfeld, sondern Hellfeld genennet.

111) Diese Familie muß auch angesehen gewesen seyn. Denn Hermann Hollfelder war 1424 Pfarrer zu Lindenhard in der Baireuther Diöces und 1445. wurde er zum Abbt im Kloster Ensdorf erwählet. Das ist ein Beweis, daß dieß eine angesehene Familie müsse gewesen seyn. Ohnfehlbar waren sie von Adel. Obiger Umstand wird in den *Scriptor Rer. Boj. Tom. I. pag.* 586. berichtet.

Auch hat er sie um seiner Voraltern Heil willen, wie ihn Stiftungs, brief stehet, nicht allein gestiftet. Der Hauptbewegungsgrund mag sein HofKaplan der Friderich Sesselmann gewesen seyn. Die Hofkapläne hatten wenige oder gar keine Besoldungen. Sie mußten sich mit der Kost und mit der jährlichen HofKleidung begnügen. Gleiche Beschaffenheit hatte es an dem Burggräflich Nürnbergischen Hofe zu Kadolzburg. Der HofKaplan hatte auch nur die Kost und Hofkleidung. Fiel an diesem Hof eine geistliche Handlung vor als eine Kindtaufe: so durfte er sie nicht verrichten. Das konnte nur der Pfarrer in Kadolzburg thun. Denn die Herren Burggrafen gehörten mit ihren ganzen Hof, staat zur dasigen PfarrKirche oder waren dahin gepfarrt. Sie mußten auch den Gottesdienst in dieser Kirche öfters besuchen 112) und wenn jemand starb, wurde es auch dahin begraben und nicht in; die Hofkapelle. Wie denn auch wirklich ein burggräflicher Prinz in dieser Kirche begraben lieget. Der Burggräfliche Hof, kaplan hatte auch weltliche Geschäfte zu besorgen; denn er mußte überall die Feder führen. Die Sporteln bedeuteten damals sehr wenig. Der Herr Burggraf wollte demnach die Einkünften sei, nes damaligen Hofkaplans, der ein besonders geschickter und brauchbarer Mann war, und der folgenden Hofkapläne vermeh, ren. Deswegen stiftete er insonderheit die Frühmesse und wid, mete einige Gütter dazu, weil es damals sehr wenig Geld gab; damit die Hofkapläne bessere Einkünften hätten. Die liegenden Gütter waren auch sicherer als Geldbesoldung. Ohnfehlbar war dieß die Haupturfache der Stiftung dieser Frühmesse. Dieser Sesselmann wurde aber nicht erst 1417. Pfarrer, wie es in dem Kadolzburgischen Denkmal heißt. Schon im J. 1414. war

er

112) Daher kommts, daß die Kirche haben, an den hohen Festen Fürsten, ob sie gleich ihre Schloß, die Pfarrkirche besuchen.

er bleß, wie ein Vertrag zwischen Burggrafen **Friderich** und der Stadt Windsheim von diesen Jahr bezeuget, und dabei Friderich Seffelmann Pfarrer zu Kadolzburg war. Im J. 1419. hat er folgende merkwürdige Urkunde 113) ausgestellet: *Fridericus Seſſelmann, Rector parochialis Ecclefie in Cadoltsburg*, Herbipolenfis Dioc. Subcollector decime unius anni omnium fructuum et prouentuum ecclefiaſticorum Sereniſſimo principi Domino noſtro, Domino Sigismundo, romanornm regi, per ſanctiſſimum in Chriſto patrem et Dominum noſtrum Dominum Martinum papam quintum per ciuitatem et Dioceſin Herbipolenſem conceſſe a Reuerendo in Chriſto patre et Domino, domino Georio Epiſcopo Patauienſi, Executore principali ac collectore, a praedicto Domino noſtro Domino Martino papa deputato Subdeputatus, Notum facio per preſentes, quod Religioſe ac devote Domine Abbatiſſa et Conuentus monaſterii Sanctimonialium in Scheftersheim, premonſtratenſis ordinis, dicte Herbipolenſis Dioc. ratione dicte decime ipſis impoſite michi ſex florenos auri renen. preſentarunt et perſoluerunt. Quare predictam Abbatiſſam et Conventum de dictis ſex florenis quitoj et abſoluo ac quitos et abſolutos preſentibus reddo. In cuius teſtimonium ſigillum meum preſentibus hic. eſt appenſum. Datum et Actum in Ciuitate Herbipolenſi Anno Domini Milleſimo Quadringentiſimo decimo nono feriæ quinta poſt dominicam Inuocauit. Die Urkunde ist ein deutlicher Beweis, daß dieſer Seſſelmann müſſe ein berühmter, gelehrter und angeſehener Mann geweſen ſeyn, weil ihn der Biſchof zu Paſſau unter allen Geiſt-

lichen

---

113) Der ſel. Hofprediger Wibel hat ſie im vierten Theil der Hohenlohiſchen Kirchenhiſtorie S. 64. aus dem Hohenlohiſchen Archiv zu Oeringen mitgetheilet.

lichen im Hochstift Würzburg, wohin Kadolzburg ehehin gehöre, ausersehen hatte, den Zehenden in diesem Hochstift an jener Statt einzusammlen. Er wurde auch bei der Burggräflichen und Markgräflichen Kanzlei gebrauchet. Dieß schlüsse ich aus einer in Handen habenden OriginalUrkunde des Kurfürstens Friderich des ersten aus dem Burggräflichen Hause, welche sich also endiget: geben zu Kadolsburg am Sonntag vor sant Philippen vnd Jacoben Tag der heiligen zwölf Boten nach Christi unsers Herrn Geburt vierzehn hundert Jare und darnach im sechs und zweinzigsten Jare, und die unten von Wort zu Wort zu lesen ist. Unter dieser Urkunde und zwar zur rechten Hand sind diese Worte geschrieben, welche aber von dem Bruch des Pergaments bedecket sind: R. meister Peter von Hehperg vnnd Herr Friderich Sesselmann Pfarrer ic. Der Buchstab R. bedeutet so viel als Relator oder Relatores. Diese beiden Männer haben dem Kurfürsten von diesen Handel Vortrag gethan und dieß wurde in der Urkunde bemerket, wie damals gewöhnlich war 114). Besonders mag der Sesselmann hiebei die Feder geführet und die Urkunde geschrieben haben. Und da bei dem Peter von Hehberg, (welcher Dechant zu Onoldsbach mag gewesen seyn, wie folgende Urkunde zubezeugen scheinet), daß EhrenWort Herr nicht stehet: so ist dieß ein Zeichen, daß er diese Worte unter die Urkunde geschrieben habe; Denn die Urkunde selbst ist mit einer andern Hand geschrieben, wie man deutlich sehen kann, und ohnfehlbar hat sie der Sesselmann geschrieben 115). Er war

114) Auch selbst der Herr Burggraf Friderich stehet in einer Urkunde K. Sigmunds vom J. 1414. also unterschrieben:

ad relationem Dni (Domini) Friderici Burggravii, Ioh. Praepos. S. Stephani, Vicecancellarius.

Man sehe Gudenus Cod. Dipl. Tom. IV pag. 98. hirvon nach.
115). Ein solcher Schreiber hieß Notarius.

war auch dabei geiſtlicher Rath, wie folgende noch ungedruckte Urkunde vom J. 1425. bezeuget: Wir Friderich — Marggraf zu Brandenburg — als wir mit dem wirdigen geiſtlichen Herrn Berchtolden Abbt zu Haylsprunn, und Meiſter Petern Dechant zu Onolſpach vormals geſchieden vnd vß geſprochen haben, etliche Irrung, — nemlich an den Zehenden bey Swabach gelegen — Dieſe Ieverrung vnd Declarachen haben wir gethan mit guter vorbetrachtung, vnd Rate etlicher vnſer Rete geiſtlicher vnd werntlicher, die dabei geweſen ſein mit Namen Meiſter Peter Probſt zu Ienne (Langenzenn). Herr Friderich Seſſelmann Pfarrer zu Kadolzburg, Meiſter Peter Seſſelmann lerer geiſtlichs rechten, Arnold von Seckendorf Hofmeiſter, Conrat Truchſeß landrichter, Conrad von Aufſeß Rittere, Wigleis ſchenk von Geyern, Albrecht von Egloffſtein Amptmann zu Beyerſtorff vnd Arnold von Seckendorff zu der Newenſtat (an der Aſch) geſeſſen — Hier findet man den Friderich Seſſelmann unter den geiſtlichen Räthen des Hrn Kurfürſtens Friderich des erſten. Der Ausſpruch dieſes Kurfürſtens betraf einen Zehenden. Dieſe aber wurden damals zu geiſtlichen Sachen gezählet. Darum wurden hier auch geiſtliche Räthe gebrauchet oder zu Rathe gezogen. Dieſer Seſſelmann mußte auch den Archivarius vorſtellen 116), wie damals alle Geiſtliche. Nun muß ich von dieſem Manne noch bemerken, daß ich ehehin in den Gedanken ſtunde, der Kurfürſt Friderich der erſte hätte ihn zum Biſchoffen in Lebus in der Mark Brandenburg gemachet, wie auch der ſelige Walther bemerket hat. Auf dieſen Gedanken wurde ich inſonderheit dadurch

O 3   gebracht,

---

116) Wie man in einer Stelle in Oefele Script. Rer. Boi. Tom. I. pag. 343. ſehen kann. An einen andern Ort wird dieß mehr dargethan werden.

gebracht, weil um diese Zeit ein Friderich Sesselmann Bischof
zu Lebus war. Inzwischen mußte ich meine Gedanten ändern,
nachdem ich fand, daß dieser Bischof zwar ein hochberühmter
Mann, der beiden Rechte Doctor, zweier Kurfürsten Friderichs II.
und Albrechts Kanzler, vorher aber Probst zu Lebus und zu
Costniz gewesen 117) als welche Umstände sich auf unsern Pfarrer Sesselmann nicht reimen, und was insonderheit zu bemerken,
er erst 1483. verstorben ist 118). So lange kann unser Sesselmann nicht gelebet haben; denn er müßte bei hundert Jahre alt
geworden seyn. Inzwischen ist es doch merkwürdig, daß zwei
Männer zu einer Zeit lebten, welche einerlei Namen hatten und
noch dazu von einen Ort nämlich von Culmbach gebürtig waren.
Vielleicht waren sie auch Anverwande 119). Vielleicht waren sie
Brüder. Der Nachfolger des Sesselmanns ist nicht bekannt,
und der darnach folgende Peter Keud mag auch ein besonderer
Mann und aus einem adellichen Geschlecht entsprossen gewesen
seyn; obgleich sein Name nicht adellich zu seyn scheinet. An
einem Flügel des Altars in der Schloßkapelle zu Kadolzburg
ist er in Lebensgröße abgemalet und wenn die Kapelle zu Keudenzell nicht älter ist: so hat sie gewiß dieser Pfarrer Keud erbauen laßen. Es ist bekannt, daß die Kapellen und die Kirchen
auch von ihren Erbauern den Namen bekamen. Eben dieß mus
man von Keudenzell sagen. Cell bedeutet eine Kapelle und
Keud hat ihr Erbauer geheißen. Würde einmal der Grundstein
der

117) Wie man in Küsters *Opus-*
culis Marchicis Collect. XV. p. 213.
in der Anmerkung sehen kann.
118) Wie in den angezogenen
Opusculis Coll. III. pag. 41. zu lesen ist.
119) Von eben diesem Geschlecht
mag auch der Friderich Sesselmann gewesen seyn, welcher im
J. 1503. als Canonicus und Cantor an dem Gumbrechtsstift zu
Onolsbach gestorben ist. S. Hrn
geb. Rath von Jung *Miscellanea*.
Tom. II. pag. 79.

der bei nahe völlig eingegangenen Capelle ausgegraben: so würde man auch den Beweis hierüber finden. Der letzte Catholische Pfarrer hieß Veit und war aus dem adelichen Geschlecht derer von Sparneck. Da man an dem Pfarrhaus das Sparneckische Wappen siehet: so ist dieß ein Beweis, daß selbiges unter ihm erbauet worden. Und ohnfehlbar ist das alte Pfarrhaus von den Nürnbergern mit verbrannt worden. Er war vom Jahr 1490. bis 1519. Pfarrer daselbst. Er hat die Ordnung der löbl. Bruderschaft zu der h. Heid bei Radolzburg aufgesetzet, und welche unter im Anhang wird zu lesen seyn. Wie seine Nachfolger geheisen haben, das weis man nicht zu sagen. So viel ist aber gewiß, daß Hiob Gast der erste Evangelische Pfarrer daselbst war. Der sel. Hofprediger Wibel bringet in der Hohenlohl. Kirchenhistorie dieses von einem Hiob Gast bei, welcher von Künzelsau gebürtig und ein Schüler des berühmten Brenzen zu Schwäbischhall war, und auch verschiedene von seinen Schriften in die lateinische übersetzet hat. Ich getraue mir aber nicht zu behaupten, daß es eben derjenige seie, welcher Pfarrer zu Radolzburg gewesen ist. Vielmehr habe ich deswegen einen Zweifel. Im Jahr 1527. hat er dem Landgrafen in Hessen eine Schrift dediciret, die er in Henau gegen das Ende dieses Jahres geschrieben hat 120). Hieraus scheinets, daß er in Hessischen Diensten gestanden seie 121). In eben diesem Jahr oder im folgenden mußte er nach Radolzburg beruffen worden seyn. In dem Jahr 1528. verfertigte er als Pfarrer zu Radolzburg wider den Probst zu Langenzenn, eine Schrift, welche Schülin

in

120) Diese Dedication hat der sel. Wibel im 4ten Theil S. 165. mitgetheilt.

121) In eben diesen Jahr war er bei dem Brenzen in Halle, wie man in der angezogenen Hohenlohischen Kirchenhistorie im zweiten Theil S. 432. sehen kann.

in dem Leben des Markgrafens Georg nicht nur, wie Walther sagt, angezogen, sondern auch in der Fränkischen Reformations-Geschichte ganz einverleibet hat, und dedicirte sie dem Herrn Markgrafen Georg. In dieser Dedication saget er mit keinem Wort, daß ihn der Herr Markgraf nach Raboldsburg beruffen hätte. In andern Dedicationen rühmet er, was die Herren an ihm gethan, aber in dieser Dedication saget er kein Wort, was der Herr Markgraf an ihm gethan hätte. Daher komme ich auf die Gedanken, daß damals zwei Männer gelebet, welche einerlei Namen hatten. Nun ist wahr, daß ein Hiob Gast des lezten Pfarrers zu Raboldsburg Substitut gewesen und wenn er eben derjenige war, welcher nachgehends Pfarrer geworden ist: so kann er ihm doch nicht unmittelbar im PfarrAmt gefolget seyn, wie man aus den oben angeführten abnehmen kann. Zu seinen Nachfolgern kann ich nichts hinzuthun. Nur mus ich des sel. Pastor Walther gedenken. Er hat sich durch den Bau einer neuen Kirche 122) welches in den Jahren 1750. und 1751. geschehen, und durch das herausgegebene Rabolds-burgische Denkmal einen besondern Namen gemachet. Er würde sich aber noch einen grösern Namen gemachet haben, wenn er, nach dem Verlangen der Gemeinde, hätte die Kirche an einem bequemern Ort bauen laßen. Er starb im Merzen 1771. seines Alters 68. Jahr, 6. Monathe und 8. Tage. Da ich die Ehre hatte mit ihm bekannt zu seyn: so will ich ihm hier

das

122) Das erste Kind, welches in dieser neuen Kirche getaufet wurde, hieß Johann Müzel und ist jezt zu M.Erlebach Mitglied des Raths und Heiligenpfleger, wie auch Lebküchner und Specereihändler. Er ist von dem nämlichen Geschlecht, wovon der sel. Hr. Kirchenrath Müzel zu Onoldsbach, der noch lebende Hr. Prodecanus zu Röckingen und andere im geistlichen Stande lebende würdige Männer dieses Namens entsprossen sind.

das alte Denkmal sezen: Requiescat in pace. Sein würdiger Nachfolger ist Herr Philipp Christoph Mögelin, von dessen Lebensumständen zur Ergänzung des Kadolsburgischen Denkmals hier mus etwas beigebracht werden. Er ist zu Hechlingen am Hanenkamp im J. 1723. am 6. April gebohren. Als er in seinem GeburtsOrt das lesen, Schreiben, Rechnen, die Gründe der Evangl. Religion, und auch etwas von der lateinischen Sprache gelernet hatte, kam er 1737. auf das Seminarium zu Oettingen und blieb auf demselben sieben Jahre. Alsdenn zog er im Jahr 1743. auf die Universitaet Jena und hörte vierthalb Jahr die Vorlesungen der dasigen Lehrer und besuchte in den gewöhnlichen Ferien auch inzwischen die Universitaeten zu Halle, Leipzig und Wittenberg. Nach seiner Zurückkunft unterrichtete er zwei Jahr lang den ältesten Sohn des nachmaligen Herrn Dechants und ConsistorialRaths Wolfshofer zu Crailsheim. Nachdem wurde er Hofmeister im Hochfreiherrlich Schlammersdorfischen Hause zu Onolsbach. Im Jahr 1748. bekam er den Ruf zur Pfarr Eckersmühlen im Schwabacher Decanat, welche er im folgenden Jahr um Advent bezogen und etwas über anderthalb Jahr versehen hat. Alsdenn wurde er 1751. Diaconus zu Roßstall, welchem Amt er bis 1771. und also zwanzig Jahre vorstunde. Unter dieser Zeit bekam er eine Anwartschaft auf die Pfarr Kadolzburg und ein Zulage von 50 fl. Und als diese im Jahr 1771. verlediget wurde: so bezog er sie am Dienstag nach dem zweiten AdventsSonntag und wurde am dritten Sonntag des Advents mit vielen Feierlichkeiten installiret, und wo er sich noch unter Abwechselung von Freud und Leid befindet. Er ist ein gelehrter Mann und munterer Wächter in dem Evangelischen Zion.

§. 3.

Nun mus ich auch von der dasigen HofKapelle und von der Frühmesse etwas sagen. Anfänglich mag dort keine Hof-Kapelle gewesen seyn. Denn die PfarrKirche stunde dem Schloß oder der Burg ganz nahe. Da aber diese tief lieget und ein unbequemer Weg von der Burg dahin ging: so wurde eine Kapelle in die Burg gebauet. Wer sie habe erbauen laßen, das ist nicht zu erforschen. Ich dachte in dem Altar wären Spuzen davon zu finden; aber es war vergebens. In jeden Altar befinden sich Reliquien der Heiligen und auch eine Schrift dabei, in der angezeiget ist, welchem Heiligen zu Ehren der Altar geweihet und in welchem Jahr diese Einweihung geschehen ist. Aber in diesem Altar funde sich von allem diesen nichts. Da an dem Altar die Jahrzahl 1655. stehet: so mag es um diese Zeit reparieret und die Reliquien mögen bei dieser Gelegenheit verkommen seyn. Ich meyne aber nur den Altar, welcher den Tisch vorstellet. Der obere Theil ist noch alt. Dieß siehet man an dem Gemälde des Pfarrer Keud. Vielleicht hat der Herr Burggraf Friderich diese Kapelle erbauen laßen, nachdem er seine Resydenz dahin verleget hatte. Und da diese nebst der Burg mag von den Nürnbergern mit abgebrannt worden seyn: so wird der Pfarrer Keud zur Erbauung des Altars etwas mit beitragen haben, weil er am selbigen in Lebensgröße abgebildet ist. Denn sonst wüßte ich keine Ursache anzugeben, warum er als Pfarrer an das Altar der Hofkapelle sollte gemalet worden seyn. Es wurde aber anfänglich kein ordentlicher oder beständiger Hofkaplan dazu verordner. Es war auch dieß nicht nöthig. Die Herren Burggrafen hatten beständig geistliche Personen bei sich, und diese mußten die Hofkapelle mit versehen. In der oft angezogenen Urkunde vom Jahr 1267. kommen diese geistlichen

Perso-

Perſonen vor: Dominus Burchardus Abbas de Vrach, Dominus Fridericus Decanus de Cadelſpurch, Magiſter Eberhardus, Hermannus et Fridericus Notarli — Dieſe geiſtliche Perſonen befanden ſich damals zu Kadolsburg. Es war ſonſt kein Herr da, um deſſen willen dieſe Perſonen hätten gegenwärtig ſeyn können. Sie gingen alſo den Herren Burggrafen alle an. Der erſte war der Abbt zu Urach, und dieß war Mönchaurach. Da der Herr Burggraf die erbliche Advocatie über dieſes Kloſter hatte 123): ſo gehörte der Abbt zu ſeinen Hofkaplänen. Er mußte ſich auch ſo ſchreiben, wenn er an die Herren Burggrafen etwas zu berichten hatte. Auch mußte er bei ſeiner Anweſenheit zu Kadolzburg eine Meſſe in der Schloßkapelle leſen. Eben dieß mußte auch der Abbt zu St. Egidien thun. Denn dieſer war der erſte Hofkaplan des Burggräflichen Hauſes und ging daher allen Aebbten vor. Der damalige Dechant zu Kadolzburg hat den Gottesdienſt in der Hofkapelle auch verſtehen können. Doch dieß war nicht nöthig. Der Herr Burggraf hatte andere Perſonen bei ſich, welche dieſes thun konnten. Denn da war der M. Eberhard. Dieſer war Meiſter der ſieben freien Künſte und folglich ein Geiſtlicher. Er war, wie ich im zweiten Verſuch der Burggräflichen Hiſtorie vermuthet, der Informator der Burggräflichen Kinder und ich vermuthe dieß noch immer. Er kann auch dabei der Leibarzt am Burggräflichen Hofe geweſen ſeyn. Denn auch die Aerzte waren Geiſtliche, wie ich in einer beſondern Schrift dieß ſchon bewieſen habe 124). Da er noch dazu Meiſter der freien Künſte war, wozu damals

123) Wie ich in der Schrift: Neue Muthmaſſungen, auf welchem Weg die Herren Grafen von Zollern zum Beſiz des Burggrafthums Nürnberg gelanget ſeyn, umſtändlich gezeiget habe.

124) In der angezogenen Schrift: Der Arzt in Deutſchland hiſtoriſch vorgeſtellet.

maß die Medicin gehörte; so wird dieß noch wahrscheinlicher. Auch dieser konnte die HofKapelle mit versehen. Dazu kommen noch die andern Hermannus et Fridericus Notarii. Diese waren die Schreiber oder die Secretarii des Herrn Burggrafens. Der erste war kaiserlicher Landgerichtsschreiber, wie aus einer Landgerichts Urkunde vom Jahr 1265. zu ersehen ist 125). Der zweite Notarius hatte die andern Sachen des Herrn Burggrafens zu besorgen oder zu schreiben. Diese zwei Schreiber waren Geistliche. Denn alles was mit der Feder zu thun hatte, das gehörte zum geistlichen Stand. Daher gehörten auch so gar die Zollschreiber dazu. Die Schreiber der Herren waren sogleich ihre Hofkapläne, wie oben ist angeführet worden. Es ist dieß eine bekannte Sache und an einem andern Ort werde ich hievon umständlicher handeln. Diese zwei Notarii mußten also die Burggräfliche Kapelle zu Kabolobburg versehen. Aber sie von Geburt waren, das kann man nicht sagen. Vermuthlich waren sie alle beide von Adel. Denn mit solchen Personen giengen die Herren damals insonderheit um. Sie bekamen ihre Kost und Kleidung und dafür mußten sie alle Dienste versehen, welche

125) Im zweiten Versuch der Burggräflichen Geschichte S. 441. daselbst stehet also: *Fridericus Dei gratia Burggrauius* in Nurnberg — *quod Abbas et Conuentus monasterii* Hailsprun *villam in* Mussilindorf *impeteret coram nobis in iudicio provinciali Norinberg — ipsam eidem sententialiter esse adjudicatam, sigilli nostri testimonio declaramus, subnotatis testibus, quorum hec sunt nomina*: Ramungus de Camerstein. Fridericus Rindismvl. Gebehard de Henfenfelt. Cunradus de Herzoginhove. Cunradus Stromeier Scultetus, Siboto Pfinzing. Merclin frater eius. Cunradus Burluzin, *Hermannus Notarii*. Otto Kelbherre, *et alii quam plures. Acta sunt ao. gratie* MCCLXV. *Indictione octaua proxima die post festum* Andree Apostoli.

117

welche zu ihrem geistlichen Amte gehörten. Ihre Nachfolger oder die andern Burggräflichen Notarii mußten ein gleiches thun. Mit der Zeit wurde ein ordentlicher HofKaplan bestellet und im Jahr 1379. hat der Herr Burggraf Friderich eine Frühmesse dazu gestiftet. Dieser wird in der Urkunde, welche unter den Beilagen zu lesen ist, Friderich genennet; denn die Geistlichen nennte man damals nur bei ihrem Vornamen 126). Dieser HofKaplan Friderich ist nun kein anderer, als der Sesselmann, von dem oben ist gehandelt worden. Es war also schon in diesem Jahr eine Hofkapelle und ein Hofkaplan zu Kadolzburg und wurde nicht erst gestiftet, wie Walther vorgiebet. Aber die Frühmesse der Hofkapelle wurde in diesem Jahre gestiftet und davon oben die Ursachen angegeben worden. Aus dieser Hofkaplanei ist die jezige Kaplanei entstanden. Deswegen wohnen jezt die Kapläne in dem Schloßhof zu Kadolzburg, weil hier die alten Hofkapläne ihre Wohnung hatten; denn sie mußten dem burggräflichen Hof nahe seyn. Ehedin mußte der Kaplan Dienste in der Schloßkapelle thun; jezt aber bei der Pfarrkirche. Doch muß er auch in der Woche in der alten Hofkapelle Betstunden und am Sonntag Kinderlehr halten. Auser dem Hofkaplan waren auch Frühmesser bei der PfarrKirche zu Kadolsburg; denn keine Pfarrkirche war, bei welcher sich nicht wenigstens ein Frühmesser befunden hätte. Diese aber haben daher ihren Namen, weil sie früh morgens mit Anbruch des Tages um der Reisenden und Hirten willen, eine Messe lesen mußten. Zu den Frühmessern kann ich keinen sezen, als den Conrad Schenk von Schenkenstein, welcher aus einem alten adelichen Geschlecht entsproßen

P 3   sen

126). In dem Nürnbl. Nön kommt S. 37. ein Prediger bei dem neuen Spital vor, welcher nur der schöne Georg genennet wurde. Eigentlich hieß er Georg Werner.

fen war, und die Ordnung der Brüderschaft zur h. Held mit verfertiget hat. Er nennet sich in selbiger Frühmesser zu Kadolzburg und zur h. Held. Aus der ehemaligen Hofkapelle und der Frühmesse ist nun die jetzige Kaplanei entstanden. Wie die Kaplane geheißen, das wird im Kadolzburgl. Denkmal angeführt. Hier will ich nur die neuern anzeigen. Auf Herrn Abdias Nicolaus Rehm folgte Hr. Friderich Conrad Jacob Frobenius, von Onoldsbach gebürtig. Er wurde 1780. Diaconus und verließ im Jahr 1749. am 22. März das Zeitliche. An seine Stelle kam Herr Johann Willhelm Kirchmaier von Langenzenn gebürtig, welcher im J. 1761. zur Pfarr Rohr befördert wurde. Auf diesen folgte Herr Christian Friderich Pacius von Serabrunn im J. 1761. und 1773. wurde er Pfarrer zu Dannhausen im Gunzenhäuser Decanat. Der jetzige Diaconus ist Herr Sigmund Christian Gustav Stieber von Onoldsbach gebürtig, ein würdiger Sohn des Herrn Hofraths und geheimen Archivarius Stieber. Er war vorher Rector zu Waßertrüdingen. Im J. 1773. erhielte er die Kaplanei in Kadolsburg und ist auch schon um seines so verdienten Vaters willen einer besseren Station würdig.

§. 4.

Am Ende muß ich auch der dasigen Schullehrer gedenken, die zwar vor der Welt nicht viel, aber destomehr bei Gott gelten, und von ihm belohnet werden, wenn sie ihr mühseliges Amt getreulich verrichten. Im J. 1769. kam an des Herrn Unfugs Stelle, Herr Johann Matthias Maier als Cantor. Und auf dem Kirchner und Mägdlein Schulmeister Michael Kirschner der 1755. starb, folgte Andreas Walther und als er 1781. mit Tod abging, kam 1782. Johann Michael Kirschner.

ner. Welche beide Schulmänner ihr Amt nach allem Vermögen versehen.

Beilagen.

I.
Nachricht
von denen in der Kirche zu Kabolzburg gefundenen Antiquitäten 1).

Nachdem Anno Christi 1750. den 2ten Martii der Anfang mit Abbrechung der Cabolzburgl. sehr alten Pfarr-Kirche gemacht worden, hat man von Seiten des hasigen Pfarr Amts alle mögliche Vorsicht gebraucht und angewendet, damit die in selbiger befindliche denkwürdige Monumenta, Epitaphia und Antiquitäten möchten sorgfältigst aufgeschrieben, ad Acta gebracht und somit der Vergessenheit entrissen werden. Bey genauer Untersuchung haben sich also folgende Monumenta gefunden, welche hier zum Hochfürstl. Geheimen Archiv sub specificatione unterthänig eingesendet werden.

1) Wurde

---

1) Der seelige Herr Pastor und Senior Walther hat mir diese Nachrichten schon im Jahr 1753. mitgetheilt um sie öffentlich bekannt zu machen, welches er aber hätte im Kabolzburgischen Denkmal thun sollen. Bisher hatte ich keine Gelegenheit dieß zu thun. Jetzt aber zeigt sich hier die schicklichste dazu. Ich was aber einige Anmerkungen dazu machen.

1) Wurde bei dem CommunionAltar zur Rechten, wo sonsten der Kelch administriret wurde, ein kleiner von einem feinen Neßelbacher Stein verfertigter Leichenstein 3½ Schuhe lang gefunden, auf welchem man aber das mindeste nicht mehr von Wappen und Schrifft erkennen können. Nach Aussage hiesigen Pfarr-Buchs, soll der junge Burggraf Iohannes, Burggraf Iohannis II. Sohn, so in seiner Kindheit gestorben, und zwar Anno 1351. den 14ten April 2) hier begraben seyn. Nach gnädigst

2) Daß ein Burggräflicher Prinz Namens Iohann in der Pfarrkirche zu Kadolzburg begraben liege, dieß leidet nicht den geringsten Zweifel. Denn Iohann Friderich Halbmaier, welcher Moningers Genealogie fortgesezet, berichtet ausdrücklich dieser Prinz seie im Jahr 1351. In sabbatho Tiburcii, d. i. am 14. April gestorben, liege in der Pfarrkirche zu Kadolzburg neben dem Altar begraben und auf seinem Stein seye diese Aufschrift gestanden: Anno Domini MCCCLI. obiit Ioannes Burggrafius. Dieser Stein war noch dazu mit dem Zollerischen Wappen und dem Bracken bezeichnet. Vermuthlich starb dieser Burggraf als ein sechs Wochen Kind. Es läßt sich dieß daher abnehmen, weil er 1) nicht Dominus genennet wird. Wäre er nur einige Jahre alt geworden: so würde er Domicellus genennet worden seyn und dieß Wort bedeutet soviel als Junker oder Jungherr. Kinder aber werden nicht so genennet. a) Würde man ihn in das Kloster Hailsbrann in das Burggräfliche Begräbnis gebracht haben. Da man aber dieß unterließ und vermuthlich deswegen um Weitläuftigkeiten zu vermeiden: so bezeuget dieß noch mehr, daß er als Kind verstorben seie. Der kleine Leichenstein legt hievon auch das Zeugnis ab. Daß man aber von den Gebeinen nichts mehr gefunden hat, darüber darf man sich nicht wundern. Die Gebeine der Kinder dauren nicht so lang als der Erwachsenen und ein fressender Sand verzehret alles, so daß man unter Menschen Aschen und Sand gar keinen Unterschied siehet. Man findet dieß auch in den heidnischen Urnen. In einigen triff man etwas

bigst anbefohlener Lüfftung des Steins, ist keine Spur von einem Grabe, vielweniger von einem Sarg zu finden gewest. Vielmehr kam man auf die Rudera von einem Grund, darauf ehemalen die hintere Seiten von der alten Kirchen, ehe der Chor daran gebauet und somit vieles geändert worden, mag geruhet haben. Die Erweiterung der uhralten Kirche mit dem Chor geschahe, wie in meinem Denckmal p. 81 et 82. bewiesen, Anno 1593. und also über 200 Jahr nach des jungen Herrn Absterben. Er mag folglich in der ersten Kirche gelegen seyn, wo er will, so werden die damahls lebende Leute so wenig von seinen Gebeinen als wir gefunden, aus Respect aber den offt bemelten Leichenstein in den Chor gebracht haben, von welchem hernach die gemeine wiewol irrige Meynung entstanden, daß der Printz darunter begraben liege. Es ist zwar gewiß, daß wir wenige Schritte von besagtem Stein in dem Chor zur Lincken eine von Backensteln gefertigte Grufft entdecket, die aber gantz leer und vermuthlich nur darzu erbauet gewesen, daß die Vasa sacra in denen gefährlichen Kriegs-Zeiten dahin geflüchtet werden können 3). Jetzt da die gantze

was von Gebeinen an, die nicht verbrennet sind; in andern aber findet man nicht das minderste von Gebeinen. Man findet nichts als Erde oder Sand darinnen, und dieser Sand hat die Gebeine zusammen gefreßen. Hier siehet man die Bestättigung des göttlichen Ausspruchs, du bist Erde und zu Erden sollst du werden, handgreiflich.

3) Daß man kleine Gewölbe hatte, in welche man zu Zeiten des Kriegs die Vasa sacra und andere Kleinodien verbarg, das ist gewiß. Aber diese waren nicht in den Kirchen, sondern in den Sacristeien. Sie hatten Treppen, daß man hinuntergehen konnte. Der Stein, welcher darauf lag, war mit nichts bezeichnet, aus leicht zu errathenden Ursachen. Ich bin versichert, daß noch in vielen Sacristeien werden

gantze Kirche geändert und das Kirchenpflaster auf 12 biß 14 Schuhe verschüttet und erhöhet worden, kan man von einem so wenig als dem andern sehen. Doch ist besagter alter simpler und völlig abgeschliffener Leichenstein bestens menagiret und respectiret worden.

2) Verdienet angemerckt zu werden, der hinter oder sogenannte Communion-Altar, welchen der Castner **Johann Ullrich von Dangrieß** Anno 1662 renoviren laßen, **Churfürst Friederich I. von Brandenburg** aber, besage hiesigen Pfarr-Buches, mit seiner Gemahlin **Elisabeth**, der so genannten schönen Elß, gestifftet. Hochbesagter Churfürst stehet neben dem Creutz Christi zur Rechten unter dem Bild S. Valerianus mit dem Chur-Hut, deßen Gemahlin aber mit einer Crone auf dem Haupt und der Unterschrifft: Sancta Cecilia Vgo abgemahlet 4). Die Gemählde sind im hiesigem Pfarrhause verwahrlich beygelegt.

3) Ist

den solche Gewölbe anzutreffen seyen, welche aber nicht so leicht zu entdecken sind. In der Sacristei zu Schwabelweid in der Baireuther Diöces hat man vor einiger Zeit ein solches Gewölb entdeckt. Die Sachen, welche man darinnen gefunden hat, sind in Kriegs Zeiten dahin versteckt worden.

4) Das heißt: Sancta Caecilia virga. Daß aber obige Frauensperson mit der Krone, die Frau Marggräfin Elisabeth seyn solle, das kann ich nicht glauben. Ja, wann sie eine Königliche Prinzeßin gewesen wäre: so wollte ich es glauben. Da aber dieß nicht gewesen ist, da sie eine Herzoglich Baierische Prinzeßin war: so muß jene Person jemand anders vorstellen. Und wer kann dieß anders seyn als die heilige Caecilia, welche als eine Märtyrin gestorben ist und deswegen die Martyrkrone auf dem Haupt hat. Diese heilige Caecilia gehöret zu den Patronen der Musicanten. Der Bischoff zu Würtzburg, welcher den Altar und die Kirche eingeweihet hat, muß seine Ursachen gehabt haben, warum er diese Heilige zur Hauptpatronin oder

3) Ist in eben diesem steinern Altar-Tisch eingemauret gefunden worden, ein zinnern Kändlein 2 Zoll breit und lang, darinnen etliche Stücke von Knochen, Hirnschalen, seidenen Fleck-lein und einem Kügelein von Erde befindlich, der Boden des Kändleins von dem Rost und Alterthum aber völlig zerlöchert und verzehret gewesen. In dem auser Gebrauch gekommenen Altar zur Lincken vor denen Weiber-Stühlen hat sich in deßen steinernen Tisch eingemauret vorgefunden.

4) Eine weisse oben mit einem in rothes Wachs einge-druckten und bezeichneten MarienBild gantz wunderlich scheinende Kugel, aus welcher man anfänglich nicht gewust, was man ma-chen solle. Nachdem man aber mit dem Meßer visitirt, hat sich gefunden, daß ein kleine zinnern Kändlein etwan von $1\frac{1}{4}$ Zoll lang und breit in selbiges verhüllet gewesen, welches gantz unver-sehrt geblieben, und einen Zahn, etliche Stücke von Knochen und einer Hirnschale, dann 5 runde Kügelein von Erden und grüne und weisse auch braune Seide in sich begriffen. Allem Vermuthen nach sollen dieses Reliquien von Valeriano und der heil. Cecilia, als Patronen der alten Kirche, gewesen seyn.

Zwischen beyden Altären, wo so wol in den ältern als neuen Zeiten die hier verstorbene Amtmänner und Pfarrer begraben worden, haben sich zwar verschiedene Steine gefunden, die mit einem Kelch 5) bezeichnet gewesen, keiner aber hat eine Auffschrifft gehabt, als

ober Hauptfrau der Kirche in Ka-bolzburg genommen hat. Doch kann dieß auch auf Verlangen des Stifters der Kirche geschehen seyn.

5) Die Grabsteine, welche mit einem Kelch bezeichnet sind, be-

.5) El-zeugen alle, daß Geistliche darunter liegen. So wie der Schild oder auch mehrere auf einem Grabstein bezeugen, daß darunter adeliche Personen begraben liegen; so ist der Kelch auf dem Grabstein ein Zei-

5) Einer von weißen, wie wol schlechten, Marmor. Auf diesen ist das Bild des Verstorbenen in Lebensgröße eingehauen, in der Umschrifft aber zu lesen gewesen: Ao Dmi MCCCCLXXXVIII. "in die omnium Storum obyt Dominus Petrus Keud Plebanus huius Ecclesiae, cuius anima requiescat in pace. Da Ao. 1729 Herr Oberamtmann von Eyb begraben und dieser Stein gelüfftet worden, haben sich in diesem Grabe noch des längst verstorbenen Keutens Röhrenbeine von ungemeiner Größe, dann ein Stück von einem schwarzsametenen Käpplein und Hirnschalen vorgefunden, die aber alle wieder an seinen Ort gebracht worden. NB. Dieser Stein ist noch in der neuen Kirche ohnfern dem Altar zu sehen.

6) Stunde an der Wand ein Gemählde von der Begräbniß Christi mit der Ueberschrifft:
"am Sambstag nach dem Sontag Quasimodogeniti genannt, "ist verschieden die Edle Frau Anna von Sparnek, gebohrne "von Waldenfelß hie begraben der Gott genad.

Im TodenRegister wird deren nicht gedacht, die doch vermuthlich eine Anverwandtin von dem letzten Catholischen Pfarrer Weit v. Sparnek gewesen.

7) Das Zeichen, daß darunter ein Geistlicher begraben liege. Der Kelch war das haupt insigne Clericorum. Doch trift man auf den Grabsteinen den Kelch nicht alleins an. Auf dem Kelch ist auch die Paten und eine Oblaten zu sehen. Auf andern Grabsteinen aber trift man die Paten ohne Oblaten an. Mit diesen wurde der Grabstein der Diaconorum bezeichnet. Jene durften ehehin die Oblaten und den Wein nicht conceriren, (oder wie es im lateinischen heißt sacramentum conficere) nur die Priester und Pfarrer durften dieß thun. Daher wird die Paten auf den Leichensteinen ohne Oblaten vorgestellt, wenn ein Diaconus darunter liegt.

7) Das Gräfflich Slechische Epitaphium, so gegenwärtig in der untern Sacristei befindlich, und Ao. 1600 Herren Grafen Georg Wolff von Slech, der Ao. 1592 als Amtmann gestorben, von seinen Relicten aufgerichtet worden. Ist von Bildhauer-Arbeit auf einen Meßelbacher Stein, und des Herrn Grafen Bildniß vor dem Crucifix kniend fein ausgezieret. Weiter aber nichts daran als oben die Worte: Heute an mir, morgen an dir; unten aber die leichen-Textes-Worte: Also hat Gott die Welt geliebet rc. zu lesen.

Unter dem Kirch-Pflaster hat sich gezeiget

8) Ein Mößernes Epitaphium folgenden Innhalts: Ao. Domi. MCCCCXXXVI an Sanct Ieronimus Tag verschied der Heinz Dobeneker 6), dem Gott genad. War auch das Dobenekische Wappen in einem Cardinals-Hut mit einer Blumage bestehend, daben zu sehen, so wir beydes abgenommen und in Verwahrung gebracht.

9) Auf einem großen Meßernen Ring, wobey ein Wappen befindlich gewesen, und wie beyde als unter der tieffen Erde verdecket abgenommen, konnte man deutlich lesen: Anno Dmi. MCCCCXIVII an Sanct Urbas Tage, da verstarb Barbara Carzenhofery des Schencken Weib, der Gott genädig sey.

10) Habe einen alten ansehnlichen Leichenstein tieff unter dem Kirch-Pflaster ohnfern der Canzel gefunden, der zwar sehr beschädiget, die Worte aber: Ao. Domi MCCCCXXXVIII starb Fridericus . . . . . noch zu lesen geweßt. Ich hätte gerne wißen mögen, ob dieser Stein nicht dem ehemalli-
gen

6) Dieser Dobeneck ist vermuthlich derjenige, welcher unten im Codicill des Kurfürst Friderich des ersten vorkommt.

gen Pfarrer **Friderich Sesselmann** 7) der Anno Christi 1427 alhier im Amt gestanden, zu gehöret, aber aller Bemühungen ohngeacht, auf keinen zuverläsigen Grund kommen können.

Actum Cabolzburg, den 22ten Nov. 1751.

MICHAEL WALTHER,
Past. et Sen.

7) Ohnfehlbar ist hier der Friderich Sesselmann begraben; wenn anders der Grabstein mit einem Kelch bezeichnet war. Da er im J. 1438. verstorben ist: so kann er nicht Bischoff zu Lebus gewesen seyn.

Noch muß ich bemerken, daß zu Anfang der Reformation das Deconot von Langenzenn nach Cabolzburg verleget wurde. Als die Herren Burggrafen aus dem Pfarrhaus zu Langenzenn und aus den PfarrEinkünften ein Kloster errichteten: so blieb der KapitelStuhl immer an diesem Ort im Kloster. Als aber die Reformation sich anfinge und der Probst zu Langenzenn ein heftiger Feind der Evangelischen Lehre war: so mußte der KapitelStuhl nach Cabolzburg verleget werden. Daher wurde auf Befehl des Herrn Markgrafens Georg, im J. 1533. hier im Synodus gehalten, auf welchem von dem Dechant und Brüdern des Kapitels die erste KapitelsOrdnung verfasset wurde. Als die Mönche des Klosters abgestorben waren: so kam der KapitelStuhl wieder nach Langenzenn.

II. LIT.

II.

LITTERAE

Rudigeri dicti *Speifer* de *Cadolzburg*, uxorisque eius *Iutae*, quibus redditus fuos annuos in *Sendelbach*, in *Afpach*, in *Ibach*, in *Tufenbach*, molendinum iuxta *Amelratdorf* et in *Theberiendorf*, donatione inter vivos, Abbati et conventui monasterii in Halsprunne donaverunt, retento fibi ufufructu eorum.

d. d. in craftino beati Gregorii Papae

Ao. Dni 1304.

In nomine domini Amen. Dum corpus fanitate viget interior mens in femetipfam collecta pleniori nititur ratione, quia non cogitur id cogitare quod dolet vnde tunc vltime iudicium voluntatis in quo tranquille mentis rationis vfus exigitur falubrius prouidetur. Nouerint igitur prefentes et futuri, quod nos *Rudigerus dictus Speifer* de *Kadoltfpurch* et *Iuta* coniuges legitimi, per dei gratiam corpore fani et mentis compotes humane conditionis ineuitabile defiderantes debitum preuenire pro falute animarum noftrarum et progenitorum noftrorum diuine remunerationis intuitu dilectis ac venerabilibus in Chrifto religiofis viris domino Ch. abbati et conuentui monafterii in *Hailfprunn* Cyftertienfis ordinis Cyftettenfis dyocefis coadunata manu 'omnes redditus infra fcriptos'a. nobis predictis R. et I. prouenientes, quos in prefentiarum habemus, videlicet *Sendelbach* I. libram XXX denarios, XXIIII. cafeos et IIII. pullos in *Afpach* V. Sumerina filiginis VI. cafeos XL. oua II. pullos. Item in *Ibach* \ III. Sumerina filiginis XXX. cafeos II. aucas inpinguatas *) VIII. pullos.

*) II. aucas inpinguatas, das find zwei gemäftete Gänfe.

pullos. Item in Tufenbach XII. Sumerina filiginis eum decima ibidem XX. cafeos VIII. pullos, centum viginti oua. Item molendinum Berchtoldi iuxta amelrntdorf II. fumerina filiginis I. libram Hallenfium XXX. cafeos, IIII. pullos. Item in *Nebertendorf* II. Sumerina filiginis II. auene, VI. pullos XII. cafeos LX. oua. donauimus et in hiis fcriptis donamus donatione inter viuos perpetua retento nobis quoaduixerimus ufufructu, Locatione etiam pred'ctorum bonorum apud nos exiftente, dominio vero et prop ietate omnium predictorum bonorum apud predictum monafterium remanente. Conditione ac pacta huiusmodi interiecto, quod predicti religiofi quinquaginta libras Hallenfium filie noftre Elifabet fiue in feculo remaneat fiue ad religionem tranfeat fecundum noftrum confilium miniftrabunt. Et fi eadem filia noftra ante mutationem fui ftatus finierit dies fuos aut fine liberis etiam in matrimonio decefferit predicta pecunia cum omnibus bonis predictis ad ipfum monafterium integraliter reuertentur. Promittentes nichilominus eandem donationem non reuocare vel in vita vel in morte nec ocafione ingratitudinis nec fuperuenientium liberorum. Excepto duntaxat hoc folo, quod fi contigerit, quod urgente neceffitate ineuitabili propter inopiam euidentem non poffemus predictos redditus retinere fed ipfos diftrahere cogeremur, quod abfit, tunc tenebimur predictis religiofis antedictos redditus quo ad jus noftrum exhibere et vendere fecundum communem curfum terre ac confuetudinem generalem. Infuper eft adiectum, quod fepedicti religiofi, remanentibus eis redditibus fupradictis, ad mandatum noftrum foluent centum libras Hallenfium, hiis quibus eas duxerimus ordinandas. Infuper volumus et rogamus, quod hi idem redditus vtilitati conuentus fpecialiter

depu-

deputentur, nobis ibidem traditis eccleſiaſtice ſepulture anniuerſarium noſtrum peragatur in miſſis et orationibus et conuentui ſolempne ſeruitium miniſtretur. Datum et actum in *Nurenberch* anno domini M. CCC. quarto in craſtino beati Gregorii pape preſentibus et in teſtimonium euocatis diſcretis viris *Heinrico filio Friderici Holzſchuer*, *Chunrado Cranvuz*, *Chunrado Katerbekke. Ch. et Ber. filiis eiusdem* et aliis quam pluribus fide dignis. In cuius rei teſtimonium preſentes litteras ſigillis honorabilium virorum abbatis ſancti Egidii Scothorum et plebani ſancti Sebaldi, cum propriis careamus, petiuimus et obtinuimus roborari.

III.

Stifftungs-Brief

Burggraf Friderichs zu Nürnberg über eine ewige Früh-Meſſe in der Capelle der Veſte zu Cadolzburg, mit Gunſt und Willen Johannſen von Seckendorf, Pfarrers daſelbſt, aus innen vermelten Gütern zu Göbelndorf, Brunn am Berg und Cadolzburg. *d. d. feria ſexta ante purificationem beatae Mariae virginis Ao.* 1379.

Wir Friderich ꝛc. Bekennen ꝛc. daß wir got zu dinſt vnd auch durch der hochgeborn frawen Elizabethen ſeliger gedechtnüſſe vnſer lieben gemaheln aller vnſer vnd ſrer vordern ſele hells willen Ein ewigen frümeſſe mit gunſt vnd willen Herren Johannſen von Seckendorff zu diſen zeiten Pfarrers zu

Cadolz-

Kabolzpurg In der Cappeln vnſer veſten daſelbſt zu Kabolzburg gewidempt geſtift vnd von newen gemachet haben vff den guten die hernach ſten geſchriben, daß iſt vff den zweyen teilen deß zehenden deß dorfs zu **Gödelndorff**, clainen vnd großem der vff achzehen ſumera getraides korns vnd habern Kabolzburger maßes Jerlicher gült iſt geachtet vnd geſchatzet, darnach vff einem gut zu **Brunn** an dem Perg gelegen daß jerlichen ein ſummer korns ein ſummer habern des vorgnanten maßes ſechs kes vnd ſechzig eyer vnd zwey hüner gilter Auf zweyen tagwerk wiſmats an der Zenn die hofwiſe genant bey **Heinrichsdorff** gelegen vnd vff einer Hofreid vnd garten zu kabolzburg in **vnſrem vor-hof** gelegen darauf herr Friderich vnſer Capplan ytzunt wonet vnd ſitzet Dieſelben zehenden gut wiſen hofreid vnd garten biſher vns ſein geweſen vnd zu **vnſer Herſchaft Kabolzburg** gehöret haben die wir mit krafft ditz briefs zu der vorgenan- ten frümeſſe geben eygen vnd freyen Alſo daz ſie fürbaz ewiclich ein iglich frümeſſer der vorgenanten ſrumeſſe eygen frey vor aller ſtewer dinſten atzung vogteyen vnd vor aller ander werlicher beſwerung ewiclich mag vnd ſol beſitzen jnnhaben nießen vnd nützen Auch ſol vnd mag ein iglich frümeſſer ewiclichen zu ſei- nem hawſe vnd wonung brennholtz ſein notdurft auß vnzern höl- tzern daſelbſt hawen vnd füren an ſolchen ſteten do vns oder vnſerm Amptmann daſelbſt zu lederzeit brennholtz wirt gehawen. Wir habn vns auch mit dem vorgenanten Herrn Johanſen von Seckendorff für ſich vnd alle ſein nachkumen Pfarrer zu Kabolz- burg gütlich vereynet von der vorgenanten frümeſſe · wegen wie vnd zu welcher zeit dieſelb gehalten vnd geleſen ſol werden vnd wie auch ſich ein iglich frümeſſer ewiclichen halten vnd zihen ſol als derſelben ahnung der vorgenant Herr Johanns Pfarrer zu kabolzburg ſein beſunder brief auch hat gegeben, des erſten daz

ein

131

ein iglich frümeſſer in der vorgenanten Cappellen er ſelber oder
ein andrer fur in alle tag meſſe halten vnd leſen ſol ausgenum-
men eines oder zweyer tag in der wochen ongeuerde vnd waz
meſſe frumens vnd opfers zu derſelben meſſe wirdet vnd geuellet
daz ſol dem frümeſſer geuallen vnd beleiben Doch ſoll der frümeſſer mit ſeiner meſſe dem vorgnanten Herrn Johannſen vnd
einem iglichen Pfarrer entlichen in der Pfarr zu leſen an dem heill.
gen Chriſtage Oſtertage Pfingſtag an den vier vnſer frauen tagen vnd
an dem tag der pfarr kirchweih vnd ſo ein ebergen leich zu be-
ſingen iſt fleiſſiclichen bynen vnd gewarten vnd ſol auch alle
veyertag in der pfarr bey dem pfarrer ſten vnd im beholfen ſein
tagmeſſe mit zu ſingen Ez ſol auch ein frümeſſer in der vorgenanten Cappellen, noch in der Pfarr wider eines pfarrers willen
keynerley ſacrament reichen noch geben welchbrunn ſaltz Palm
kertzen nicht ſegen doch ſol ein frümeſſer einem Pfarrer ob er
dez von im begert vngeuerlichen alle Jare in der marterwochen
mit beicht hören ſein beholffen Auch ſol dieſelb frümeſſe fru an
dem tage zu guter Zeit gehalten vnd volbracht vnd nicht mer
dann ein zeichen darzu gelewtet werden, Alſo daz die frumeſſe
vngeuerlich vor tagmeſſe zeit gentzlich ſey volendet, Wenn aber
wir ſelber vnſer erben oder nachkumen zu Labolzburg ſein oder
wonen So ſol vnd mag ein frümeſſer mit der zeit derſelben meſſe
zuhabn vns nach vnſerm willen gewarten Auch ſol ein iglich
frümeſſer eines iglichen Pfarrers vnd der Pfarr zu Labolzburg
ſo er getrewlichſt mag ſchaden wenden vnd iren nutz werben in
allen billichen vnd zimlichen ſachen Vnd aller obgeſchriben ſache
zu ewigem gedechtnuzze vnd beleiben geben wir diſen brief mit
vnſerm anhangenden Inſigel beſtetigt vnd beveſtet, der geben
iſt ꝛc. actum Anno lxx nono feria ſexta ante Purificationem beate
Marie virginis.

IV.

Ordnung
der löblichen bruderschafft zu der heyligen Heyde bey Cadelspurg.

Nachdem der durchleuchtig hochgeborn Fürst vnd Herr Herr Albrecht Marggraff zu Brandenburg Churfürst ꝛc. löblicher gedechtnuß, die angefangen bruderschafft zu der heyligen Heyde bey Cadelspurg von seiner Churfürstlichen gnaden vor eltern, mit andacht vnd liebe darzu genengt erstlich auff geriche vernomen, als bald solchs seiner Fürstlichen gnaden für gebracht ist, hat sein Fürstlich gnad nit mit weniger andacht Got dem almechtigen zu lob, in der ere sant Egidien vnd der heiligen vierzehen nothhelffer, dieselbigen Bruderschafft angenommen vnd genediglich wie nun die furan gehalten werden soll mit Bebstlicher Heyligkeyt sunder befellich gnaden vnd ablaß darzu gegeben von newem Confirmirt vnd bestettigt, als hernach volgt.

Vnd ist die ordnung
das ein yeder bruder vnd schwester so in diese löbliche bruderschafft werden auffgenommen vnd in der bruderschafft buch ein geschriben, sol haben vnd tragen ein silbere Hyndten oder Wild an einem gulden creütz, alles eins lots schwer, in nachfolgender angezeigter forme vnd solich klennet nach absterben der Person dem gotzhauß geantwort oder vmb zimlichs abgelöst werden *).

Das

*) Das Ordens Zeichen ist auf der Kupfertafel zu sehen.

Das gebet

Item, eyn yeglicher bruder oder schwester sol petten dem leyden Christi alle Freytag ein Pater noster, ein Aue Maria vnd ein glauben.

Item, alle Samstag eyn yeder bruder oder schwester soll petten drey Aue Marie, zu ere der gottes gebererin vnd junckfrau Maria.

Item, alle Jar sollen ein yeder bruder vnd schwester ein seelmeß frummen vnd zu halten bestellen allen verstorben diser Bruderschafft vnd glaubigen selen zu hilff vnd trost.

Item, vnd wenn eins auß dieser bruderschafft abstirbt, soll ein yeder bruder vnd schwester, wenn sie des wissen haben, sprechen fünff Pater noster, fünff Aue Maria vnd ein glauben mit Andacht zu hilff vnd trost der sel vnd allen glaubigen selen.

Item, die wirdige priesterschafft die da seind in diser bruderschafft sollen ir yeder alle quatemer sprechen ein Placebo vnd ein Selmeß halten brudern vnd schwestern vnd allen glaubigen selen zu hilff vnd trost.

Item, es werden auch alle quatemer zu ewigen zeyten in disem Gotßhauß begangen alle brüder vnd schwester lebendig vnd todt mit verkünden, vigilien vnd X. selmessen auffs wenigst, das ist also von frumer personen diser bruderschafft gestifft vnd wird teglichen gemert.

Item, zu sollicher begencknus oder alle quatemer soll petten eyn yeder bruder vnd schwester funff Pater noster, funff Aue Maria ein glauben.

Item, auch wenn ein bruder oder schwester absterben sollen sie von gemeiner bruderschafft in disem goßhauß begangen werden mit funff priestern oder so vil man mer haben mag mit vigilien.

R 3 vnd

vnd selmessen, sollche begencknuß mit der zeyt auch in zu vnd auffnemen steet.

Item, vnd so teglich zu geben vnd zieren der kirchen, merung des goßdienst die notturft erheyst, einkummens oder außgebens, sindt die goßhauß pfleger einfugklich geflissen der Kirchen gilt vmb ewig zins an zu legen, vnd ist also an gesehen im besten, wenn ein bruder oder schwester verscheiden sein, ir bestes kleyd oder zwen gulden zum goßhauß verordnen, doch wenn ein Schwester vor jrem Eemann stirbt das kleyd oder ein gulden zu antworten in der bruderschafft.

Item, es sollen auch ein yeder bruder oder schwester alle Jar zwelff pfenning zu besserung der kerßen in die bruderschafft reychen vnd in solchem zwey eelewt für ein person gerechnet, vnd mügen das vnd anders, wie vorgemelt mit rat der pfleger nach irer andacht ablösen.

Item, sunderlich wenn ein bruder oder ein schwester werden auffgenummen vnd eingeschriben, sollen sie geben ein pfunt wachs zu der bruderschafft.

Item, die merckliche gnad vnd ablaß von Bebstlicher heyligkeyt darzu gegeben, Ist zu seinen zeyten in solchem goßhauß zuuernemen.

Item, daraus ein yder frummer christen mensch woll vernemen mag der in dieser bruderschafft wirt auffgenommen, was göttlichs diensts mit gebet, begengknuß, vnnd ewiger gedechtnus einem jeden nach volgt vnd mit geteylt wirt, diewenl etwo Durchleuchtige, Hochgeborne Fürsten vnd Fürstin, Geystlich vnd weltlich Edell vnnd auch frum redlich lewt die da nit vom adel in dieser bruderschafft seind vnd auffgenommen werden, den selben den gutter getrewer vnterrichtung haben wir Beyt von Sparneck Pfarrer vnd Conrad Schenck zum Schenckenstein frumesser zu Eadelspurg vnd der heyligen Heyde, diß Tractetlein also verordnet vnd außgeben ic.

V.
Schreiben

Kayser Friedrich III. an den Kurfürsten Albrecht zu Brandenburg d. d. Niedernbaden an Donrstag nach Sand Margrethen tag, ao. 1473.

Friderich von gotes gnaden Römischer keiser, zu allenn zeiten Merer des Reichs, zu Hungarn, Dalmatien, Croacien ic. kunig Herczog zu Osterich vnd zu Steir ic. Hochgeborner lieber Oheim, Eurfürste vnd Geuatter, Wir lassen dein lieb wissen, daß sich der Hochgeborne vnser lieber Oheim vnd Furste, Herczog Ludwig von Beyern auf Sand Jacobs abennt schierst gen thalb, vnd pfalczgraue Friderich in die nehennd daselbs umb gen Seles Fugen wirder, do dann zwischen vnser vnd desselben pfalczgraue Friderichs gutlich beteidigung furgenomen werden sollenn, in massen wir dir dann vormals zuschreiben haben lassen, Begern wir darauf an dein lieb mit ernstlichen vleiss bittende, du wellest dich souerr das deiner notburfft halben deins leibs gesein mug, vnuerczogenlich her gen Baden fugen, da wir dich dann zu solhen gern haben wolten vnd nicht aussenbeleibn. Daran tut vns dein lieb sunder geuallen in gnaden vnd Frunt, schafft zu erkennen. Datum Niedernbaden an Donrstag nach Sand

Sand Margrethen tag, Anno domini ꝛc. ſxrterelo, vnſers kei‑
ſerthumben im Zweyvnndzweinczigſten Jare

        Ad mandatum proprium domini
            Imperatoris.

Auffchrifft:
Dem Hochgebornen Albrechten Marggrafen
zu Branndemburg, des heiligen Römiſchen
Reichs ErczCamrer zu Stettin Pomern,
der Caſſuben vnd Wennden, Herczo‑
gen, Burggrafen zu Nuremberg vnd
Furſten zu Rugen, vnſerm lieben Oheim,
Eurfurſten vnd geuattern.

VI.

Wir Fridrich von Gotes gnaden Marggraf zcu Brandeburg,
des heiligen Romiſchen Reichs Erczkammerer vnd Burg‑
graf zcu Nürenberg bekennen offenlichen mit diſem Brief geln
allermenigliche, von ſulcher zweytracht vnd ſache wegen, ſo ſich
dann zwiſchen den prioren vnd Conventbrüdern der zweyer kloſter
kartewßer ordens zcu Dückelhawßen vnd zcu Wirczburg vff
ein vnd Heinczen feldner vnd Hanſen ſeinem Sone Bür‑
gere zcu Etelbach vff die andern ſeitten, verhandelt vnd ge‑
macht haben, als von einer Müle wegen, genant die Seemü‑
le *), die Jerlichen gilt, fünff pfunt, vnd zweinczig pfen‑
nig werung, halb zcu ſant Walburge tag vnd halbe zu ſant
                Mer‑

*) Mit dieſer Mühl iſt nachgehends ein Tauſch vorgegangen.

Merteins tag, zehen Malter forns Windeheymer maße, zwey vaßnachthüner vnd ein weyßat, vnd anderhalb tagwerck wißmats daselbst, die nicht zcu der Müle gehören, so das dann alles der anpechtige Herre Heinrich Hagen *) vorezeiten an die obgenant zwey Cloſter geſchickt hat, das die obgenant beyde partheyen ſulche zweytracht vnd ſache genczlichen bey vns bliben ſind, alſo wie wir ſie darumb in fruntſchaft ſeczen vnd entſcheiden, das ſie das von beyden teylen für ſich, ire nachkomen vnd erben genczlichen vnd getrewlichen halten, ton vnd volfuren ſullen vnd wollen, als ſie vns das mit hantgebenden truwen **) an eydes ſtat zcu halten gerett vnd gelobt haben, Alſo ſcheiden vnd ſprechen wir des erſten, das die obgenant Heinrich vnd Hans ſeldner den ganczen Jarnucze von der obgenant müle vnd wißmart von ſant walburgen tag nechſtangangen bis vff ſant walburgen tag ſchirſt cünftig, was ſie des noch nicht vfgehaben herten noch gancze vnd gar einnemen vnd uffheben ſullen, one menigliche irrung vnd hindernüße, one alles geverde, Darnach ſcheiden vnd ſprechen wir das die obgenant müle mit den geltzinſen mit dem korne, mit den vaßnachthünern, weißat vnd allen iren zuge= horungen vnd die anderhalb tagwerck wißmats den obgenant zweyen klöſtern zcu Dückelhauſen vnd zcu Wirczburg volgen werden vnd bleiben ſullen, als ander ire eygen vnd geſchickte Gutere one einſprechen vnd hindernuße der obgenant ſeldner, aller irer erben vnd allermeniglichs, von ihren wegen vnd die ge= nant ſeldner ſullen fur ſich vnd alle ir erben ſich der obgenanten müle geltzinße korne, Hüner weyßat, vnd anderhalb tagwerck wißen,

*) Dieſer Heinrich Hagen war Pfarrer zu W'Erlbach.
**) Mit handgebenden truwen, das iſt, ſie haben die Hand darauf gegeben, daß ſie allen getreulich nachkommen wollen.

wißen, mit allen iren zugehorungen gancz vnd gar ewßern vnd
verczeihen, nymermer tein vorderung, noch anspruche darnach
zu ton noch zu haben, sunder die obgenant zwey Closter gerue-
lichen daby sitzen vnd bleiben lassen, one argt vnd one alles geverde, des zu einem Vrkunde geben wir nglichen. obgenant par-
they disen vnsern vßspruche mit vnserm anhangenden Innsigel versigelt, der geschehen vnd geben ist zu Cadolczburg am sontag
vor sant philippen vnd Jacoben tag der heiligen zwelff boten,
Nach christi vnsers Herren geburte viertzehenhundert Jare vnd
darnach Im Sechs vnd zweinczigisten Jaren.

R. meister Peter von Hehperg, vnd Herr
Fridrich Sesselmann pfarrer ꝛc.

VII.

IN gotes namen Amen. Kunt sey allen den, die diß
gegenburtig offenbar Instrument sehen oder hören lesen, Das
in dem iare nach der geburt vnsers hern Tawsent vierhundert
vnd dreyvnddreyßig In der eylfften Indicion der czal also genant, des vierden tages des Hewmons zu latein genant Julius,
zu vesper czeit oder doben Pontificatus vnsers allerheiligsten in
got vaters vnd herrn, hern Eugenij von gotlicher fursichtigkeyt
des vierden pabsts in seinem dritten iare, Czu Cadolzspurg
in dem Schloß vnd auff dem vntersten großern pallast
vnd sumerhawß daselbst, Wirtzpurger bistumbs, In ge-
genbertigkeit meins offenbaren schreibers vnd der czewgen hernachgeschriben darczu gehelschen, gerufen vnd geperen, leiplich
erschynnen ist, der Hochgeborn fürst vnd Herre, her Fridrich
Marg-

Marggraff zu Brandenburg vnd Burggraue zu Nuremberg, des
Heiligen Romischen reichs ertzkamerer vnd kurfurst, vnd hat mit
offenbarem schreiber ein papiren ezettel geantwort, gesagt, fur-
gelegt vnd protestirt, in all der form vnd weyse als dieselb ezettel ynnhelt, die von wort zu wort hernachgeschriben steet, vnd
lawt also. Als der Erwirdig her Jörg Sand Augustin ordens
heremitarum In Beyern vnd Oesterreich, provincial, Meister
vnd lerer in der heilgen geschrifft des heilgen Concilij zu Basel
legat, vnd Ambasiator, vns fridrich von gotz gnaden Marggraff
zu Brandenburg vnd Burggraff zu Nuremberg, des heiligen
Romischen Reichs ertzCamerer vnd kurfurst, vnde vnsern punt-
genossen beyderseyt tag verkund vnd gesetzt hat, von gewalt des
heilgen Concilij zu Basel, auf den Suntag nach Assumpcionis
marie gen Eyster, da zu teydigen, oder ob sein not wirdet, zu
rechten by penen, vnd mit solchen mer worten, als das Instrument begriffen ist, das es wilhalm von Hohenrechyberg, vnd
Conrad Truchseß Rittere, vnßer Rete vnd lieben getrewen
süllen aufgenomen haben, In vnserm namen vnd an seiner stat,
Also bezeugen vnd protestirn wir Marggraff fridrich obgnant
vor ûch offem schreiber vnd den ezewgen gegenburttigen, In der
besten form als es seyn sol vnd mag, Das wir den vorgenanten vnsern Reten keyn sollchs beuolhen noch des machts geben
haben vnd vnser wille nie geweßt ist anders, dann das wir dem
heyigen Concilij gehorsam sein wöllen vnd noch sein wöllen zu
sölchem tag zu kumen, da zu handeln vnd zu teydigen ob man
guttlichen die sache verrichten, abtragen oder anstellen möchte vnd
nith zu rechten, Als auch auff guttligkeyt des egenanten Prouincials vom heilgen Concilij gen altzbrief saget vnd lawtet, Die
egenanten Rete sprechen auch, das sie dheinerley anders dann
auff guttlichkeyt, aufgenomen oder zugesagt, vnd keinerley anders

S 2

sich

sich vnser gemechtigt haben, wann solich sach zuuerrechten vnd
das mit dem swert gehandelt ist, Noch auch der andern sach-
walter vnd puntgenoßen macht haben, vnd wie es dann gestalt
sey, so gehoret es an andere ende, gerichte vnd stete vßzetragen,
Als das zu seinen czeiten so es sich gepurt wol erlewtert werden
sol, Douon das wir dem heiligen Concilij der gütlickeit, vnd
solchs tages veruolgen vnd gehorsam sein vnd sein wöllen, das
auf den egenanten tag zu rechten in solcher vorberürten maße
des Prouincials schrifſte, vnser will nith gewest ist des auch
nymand gewalt geben haben, des die egenanten vnsere Rete bekennen, das auch da nit sein sol, sünder da solchs hingehört
zu rechten, des in kennerley welse Ingangen sein noch ton wellen
noch jeton wer, ton wir solch protestacien vnd erezeugung, das
wir solchen tag als obgeschriben steet, in der gütlickeit vnd nicht
zim Rechten zugesagt haben, darvmb requiriren vnd begern wir
von euch offenbarem schreiben, über solch protestacien ein oder
mer teutsch offenbar Instrument in der besten form zu machen,
dise vorgeschriben sach sein gescheen zu Caboltzspurg obgenant
In dem Jar vnsers hern Indiccion, moned, tag, zeit, stat vnd
pontificat ꝛc., als obengeschriben ist, vor mir offen schreiber vn-
ten geschriben, In gegenwertikeit Meister Peter von werckt
Doctor in medicinis*) vnd Corher zu Onelspach wirtzpurger bistums, Herr fridrich pflantz, Corher zu Eyster, vnd
der gestrengen vnd vesten (Gerlach) von Eberstein Ritter,
Hofmeister, Hans von Saunsheim (Saunshelm, Seinsheim)
Marschalck, Heinrich von Seckendorff Camermeister, Wilhalm
von kreylsheim, wilhalm schenck von Schenkenstein, vnd
Niclas

*) Hier ist ein deutlicher Beweis, daß die geistlichen doch die Medicin studirten; ob gleich dieß das geistliche Recht verbotten hat. Vermuthlich war dieser Chorherr der Arzt am kurfürstlichen Hof zu Kabolzburg.

Niclas Asmman Cantzler, des obgenanten Herrn Marggraff fridrichs Ret vnd vmerran zu ezeügen aller obgeschriben ding darczu geheischen, geruffen vnd geperen.

Vnd ich Michel Ludwici von Otelsdorff clerick Bamberger bistums, von keyserlicher gewalt ein offenbar schreiber, Wann Ich bey, an, vnd ober soltchem furbrengen vnd protestirung vnd allen andern vorgeschriben sachen ein mit den obgenanten ezewgen gegenburtig gewesen bin, vnd die auch also gesehen vnd gehört haben, wie vorgeschriben stet, Darumb von meins gnedigen Hern, Hern Fridrich marggraff obgenant bet wegen, hab Ich die gegenbertig offenbar Instrument in teiltschen worten gesetzt, mit mein selbs Hand geschriben vnd Im daruber gemacht, vnd mit meinem gewonlichen Tabellien Zeichen vnd namen hievnder geschriben vnd geczeichent, czu geczeugnuß aller vorgeschriben sach darczu geperen vnd Requirirt.

VIII.

Kurfürst Fridrichs I. Codicill, welches er im J. 1440. zu Kadolzburg errichtet hat.

Wir Friderich von Gots gnaden Marggraf zu Brandenburg, des Heil. Röm. Reichs ErzCammerer und Burggrave zu Nürnberg bekennen offentlich mit diesem Briefe, daß Wir angesehen und erkand haben, daß nichts gewißers ist, dan der tod, und nichts ungewißers, dan die Zeit des Todes, und nichts so notturftig, dan daß der Mensch mit ganzen fleiße sein sache bestelle, daß er in gutem getrauen sein Sele Got antworten müge, und

und barumb zu gnediger Unser Schidung und Unser Sele Got zu antworten, so haben Wir mit gunst und guten willen Unser lieben Sune Hrn. Johansen und Hrn. Albrechten, Marggrafen zu Brandenburg ꝛc. Unser Geschefte und leztea Willen getan und geschaft, schaffen, schicken und thun mit guten berat und wolbedachtem mute, in kraft diß Brifs, als hernach von worte zu worte geschrieben steet.

Des ersten, daß Wir Unser begrepnuße erwelt haben — und erwelen in dem Closter zu Halsprun, und daß dieselbe Vnser begrabnuße in schlechter demutiger form geschehen solle, in sennenm tuch on gros hofferrig pompen die nicht vast zu götl. Ere dienen; Item barnach, daß alle vnsere Herrschaft, die Wir lassen in solcher form erben sollen auf unsere Sune, als Wir das vormals geordnet und getebingt haben, und auch mit tenbingen und schriften getebingt und verlaßen ist.

Item, daß alle wißentlich schulde auf Pfandschaft oder sunst von Unsern Erben gutlichen ausgerichet und bezahlt werden sollen; Und umb daß Wir selber Unsern armen Luten, Undertonen und auch etlich ander mit Steuren und andern sachen beschwert haben, schaffen Wir, daß Unser Sune und Erben das in gedachtnus haben und den in gnedigen Sachen, nach gestalt der Sache, ergetzung thun und guten willen beweisen sullen. Item Wir schaffen, daß Unser Gemal und Sune ein ewige Meße gen Colmberg in die Capelle stiften sullen, also daß ein Prister Jerlich funfzig Gulden Gulte haben, und wochentlich gelesen werden, und daß die Meße die Herrschaft zu leihen habe; Item Wir schaffen, daß man Uns einen ewigen Jartag zu Halleprun bestellen soll, und auch Unserm Bruder Burggraven Johansen sel. einen Jartag vnd desgleichen vns beeden einen Jartag In dem Closter zu Culnbach, das von Unsern Eltern und uns gestifete

gestiftet ist; Item Wir schaffen, das man Uns Jartag bestellen solle, in dem Stift zu Onolzbach, und daß Unser lieben Frauen Meße des Sampstags wochentlich in dem genanten Stifte bestellet und gehalten werde, als Wir die angefangen haben, daß sie nicht abgee, der Herrschaft zu gnaden und seligkeit. Item einen ewigen Gulden den Psalter zu lesen in der Marterwoche; Item einen ganzen guten Ornat von Samet oder besser, mit einem guten Creuz, davon solch Jartag soll bestallt werden; Item Wir schaffen, daß man die zwainzig Gulden von Hainzen von Dobnecks sel. wegen ausricht der Kirchen zu Casdolzburg.

Item Wir schaffen von solches Gelds und Sldlons wegen, als Wir von Jeckel und Hansen Snender Unsern Knechten innen haben, daß man darumb Jartag bestelle, und solches auf Unser Sel nicht bleibe. Item Wir schaffen, daß einer von Lewtershausen und etlichen andern von Unser Herrschaf und andern übernommen seyn worden, daß man den fernug tue; Item Wir schaffen, daß unsere Sune die von Dunckelspühl der Sache erlaßen, wan Wir in vor Gott genzlichen vergeben haben, wan sie von der Herrschaf auch übergroffen seyn worden; Item Wir schaffen, daß man Albrechten, Unsern Koch bey seinen Garten zur Newenstatt bleiben laße, und ihm sein Korn Jerlich ausricht, nach Inhalt seines Brives; Item Wir schaffen, daß 400. hungerisch Gulden ausgericht werden zu einer ewigen Meße zum heil. Plute die ein Unger dazu geben, und Cunz Ebe in der Herrschaf Nuz eingenommen hat, und etwan viel Kupfers zu Unser lieben Frauen zu Berlin an Glocken daraus Wir Püchsen ließen machen, daß unsere Sune Margaraf Friderich in der Mark ausrichten soll. Item daß man Unsere Tode Unsern Freunden kunde, Gott für uns zu pitten. Item, wan man Hoyen

Hohentruhding lösen will, daß man in der lösung des Haubt-geldes soll fahren lassen 2000. Gulden. Item wir schaffen, daß man dreyßig Marck Silbers zu dem Heiligthumb zu Plaßenberg von Unsern Silber geben, und Monstranzen vergülte daraus machen soll und einen Centner Wachs. Item dreyßig Pfund Wachs gen Stampach. Item Wir wollen selbs Unser teglich Gesinde, in Küchen, Cammer, Marstal und Keller austichten und versehen von Unsern Silbergeschier, Pferden und Gewande *). Item Wir schaffen auch 32. Gulden für ein glas gen zenne in das Closter. Und bey sulcher Unser Schickung und lezten Willen seynd gewest, als Unser getreuhender **) die Würdigen und Erbaren Unser liebe getreue, Hr. Ulrich Apte des Closters zu Hallsprun, Meister Albrecht ***), Pfarrer zu sant Sewalt zu Nürenberg, Hr. Johans Miedlinger, CorHerr zu Onolzbach, und Conrad Paumgarter zu Nürnberg. Zu Urkund haben Wir Unser Insigel an diß geschefte hencken heißen. Und Wir Johanns und Albrecht, Marggraven zu Brandenburg und Burggraven zu Nürnberg, bekennen daß sulch obgerürt Geschefte mit Unsern guten Willen, und Verhängnuße zugangen und geschehen ist, und wollen auch das getreulich vollziehen und dem nachkommen, on Geverde. Und zu Urkund haben Wir Unser Insigel zu des egenanten Unsers lieben Herrn und Vaters Insigel an dis Gescheft hencken heißen. Geschehen und geben zu Cadoleburg am Sontag nach den

*) Wo seine Bücher müssen hingekommen seyn, deren er in seinem Testament gedenket?

**) Getreuhender, die in den lateinischen Urkunden Manufideles genennt werden, sind die Executores Testamenti. Sie heißen so, wie ihnen alles zu treuen Händen emphohlen worden.

***) Er hieß mit dem Zunamen Fleischmann und war ein angesehener und berühmter Mann.

den heil. Creüstag Eraltationis, nach Christi Unsers Hrn. Geburt vierzehen hundert Jar und darnach im vierzigsten Jare ꝛc.

IX.
Kundtschaffts-Brieff
des Kayserl. Landgerichts zu Nürnberg über Frauen Elisabethen Aufgabe, als sie Ihren Söhnen Marggrafen Johannsen, Friederichen, Albrechten und Friederichen übergeben all Ihre Gerechtigkeit und Anspruch, so sie zu ihrem Bruder, Herzog Heinrichen gehabt ꝛc. d. d. Cabolzburg am Dinstag nach St. Dorotheen Tag Ao. 1433.

Ich Conrat Truchseß, von Pomersfelden, Ritter, zu den zeiten Landrichter zu Nüremberg, Tu kunt allermenigllch, mit dißem Brief, das für mich kame in Gericht, die durchleüchtige Hochgeborn Fürstien, Frawe Elisabeth von Gots gnaden Marggrafin zu Brandenburg, und Burggrafin zu Nüremberg mien gnedige Fraw, vnd redt durch Ihren fürsprechern, in gegenwertigkeit, vnd mit willen des Hochgeborn Fürsten vnd Herrn, Hern Friderichs, Marggraven zu Brandenburg, deß Heilligen Römischen Reichs Erzkamrer, vnd Burggraven zu Nüremberg, Irs lieben Herren vnd gemahels, der Hochgeborn Fürst Her Heinrich Pfalzgrave bey Rein, vnd Herzog in Beyern, Ir lieber Bruder, mein gnediger Herre, der hett Inen Ir vätterlich, Müterliche vnd Swetterliche Erbe, vnd auch irs Vettern, Herzog Johansen zu Holland ꝛc. ꝛc. aller

T sein

seligen gedechtnuiſſe erbe, das auch auff Sie erſtorben vnd ge⸗
fallen were, vnd des Sy ſich auch ny verzigen oder auffgeben
hab, vnd die benant Frawe Elizabeth, gab auff vor mir in ge⸗
richte, Iren gantzen vnd vollen Gewalt unwiderruffenlich den
durchleuchtigen Hochgeborn Fürſten, Hern Johannßen, Hern
Friedrichen, Hern Albrechten, vnd Herrn Fridrichen, gebrüdern
Marggraven zu Brandenburg vnd Burggraven zu Nuremberg,
Iren Söhnen, meinen gnedigen Herren Ine allen zuſamen, vnd
ydem beſunder, ſolich Ir obgemelt Erbe vnd zuſpruche, von ſten
wegen zu vordern, mit gerichten, vnd zu gütlichen tagen, mit
mynne vnd Recht, wo vnd an welchen ſtetten, vnd als oft des not
ſein wirdet, vnd was alſo die benannten Ir Söne alle vier oder
yder beſonder, darinnen tun, mit Recht oder Mynne, in güt⸗
lichen Teydingen, das ſie des alſo macht haben ſullen, als die
benant Frawe Elßveth ſelbs perſönlich entgegen were, das die
benant Frawe Elizabeth, das auch alſo gantz ſtete halten wölle,
zu gewynne vnd zu verluſt vnd zu allen Rechten, vnd das die
benanten Ir Söne, mit ſolichem Irem Erbe fürbaß tun vnd
laßen, vnd das gepranchen ſullen vnd mügen nach Irem nutze,
beſten vnd Frommen, one Hindernüze Ir vnd Meniglichs von
Iren wegen, vnd geben Ine auch ſolich obgeſchriben Erbe vnd Gerech⸗
tigkeit itzund lediglichen von Ir Hande, In Ir Henede, wie das
dann aller beſt Crafft vnd Macht hat, haben ſol vnd mag, vor
allen Gerichten, geiſtlichen vnd werntlichen, da Sie des alſo
vor mir in gericht verjehen vnd bekannt hett, da bat mich die
obgenant mein gnedige Frawe des Rechten zu fragen, ob Sie
das wol getan hab mügen, vnd das auch ſollchs wol Crafft vnd
Macht haben ſulle, an allen Gerichten, vnd vor allen Richtern
zu regen vnd zu teydingen vnd ſonſt an allen Stetten, wo das
fürkume, daſſelb ward Ir erteilt, mit gemeyner Volge vnd Vr⸗
teil

teil auf den ende; geben mit vrteil vnder des Lantgerichts
Jnſigel zu Cadoltzburg am Dinſtag nach Sant Dorotheen
tag, Nach Criſti vnſers Herren Geburt vierzehenhundert Jare,
vnd darnach im dreyvndbreiſſigſten Jaren.

(L. S.)

X.

Wir Karl ꝛc. Bekennen ꝛc. Wann wir vor etzlichen czeiten,
do dannoch Graff Hans Burggraff zu Nüremberg,
ſein Bruder unſer lieber getrewer, miteinander ungeteilt warn,
yn und yren Erben erlaubt haben. und genade getan, daz ſie
ein muntze zu Kulmna, (Kulmbach) ſlahen und muntzen laſſen muchten, als daz in unſern briefen begriffen iſt, die wir yn
doruber geben haben; und wann nach deſſelben. Graff Hanſen
tod der ehegenante graff Albrecht ſein Bruder mit dem Edlen
Fridrich Burgraven zu Nüremberg, unſern lieben getrew-
en geteilt iſt, und die obgenante Stat Kulmna an Graff
Feidrichen gevallen iſt in der teilung, ſo haben wir genedlcllchen
angeſehen getrewe ſtete und willige Dinſt, die uns ꝛc. und haben ym von ſunderlichen guten, die gnade getan, und tun von
Keyſerliche mechte an dieſem brive daz er ſein Erben und nachkomen in ihrer veſten zu Kadoltſpurg oder ihrer Stat ꝛe
zenne ſlahen und muntzen mugen laſſen ewiclichen pfenning
und haller nach dem Kern, als man pfenning und haller zu
Nüremberg oder in andern Steten ſchlecht, in dem landen, umb
Nüremberg gelegen, als wir die vormals Fürſten und herren ge-

T 2 geben

geben haben. und mit dem gepregge als man in derselben Stat einer zu pregen pfligt pfenninge und haller, doch mit einem mertlichen Underseid ihres czeichens, domit dieselbe muncze, von den egenanten munczen, wol erkant muge werden, und wer daz sache daz dieselbe muncze nach einer der egenanten Stett muncze und gepregge gislagen wurde, und dieselbe Stat hernach sulcher muncze und gepregge obginge So gunnen wir den egenanten Burgrafen, daz sie sich an der andern Stat einer muncze halten in dysen sachen und ob in alden egenanten steten die muncze obgingen drumb sol die vorgenante muncze nicht abgen noch derniderligen, Sunder für sich iren ganz allewege haben in dem lauf gepreae und Korn, als wir yn die geben haben. und als vor begriffen ist, und geben derselben muncze und allen den die de muncze von ihren wegen arbeiten, alle die recht freiheit und gnade, die ander muncze und munzer zu Nüremberg und in andern Stete haben, und in dheine weis gebrauchen und das derselb Graff Albrecht und sein Erben sulche pfenning und haller slahen und pregen lazzen mugen, wenn sie wollen, vnder arem cceichen. und ouch mit sulchen Korn, als dovor begriffen ist, Des gebieten wir allen unsern ꝛc. Pena ad placidum etc. Mit urkund ꝛc. zu Nüremberg. Ao. LXI. feria quinta proxima ante conversionem sancti Pauli, Regnorum etc.

XI.

Herrn M. Döderleins *Sentiment* von gewissen *Characteribus* zu Cadolsburg.

In dem andern Stuck der Novorum Lit. Circuli Franconici pag. 90. sind einige obscure Characteres, die zu Cadolsburg, in Stein gehauen, anzutreffen sind, denen Gelehrten vorgelegt, und sie dabey um ihre Erklärung und Gutachten ersuchet worden. Darauf nun hat Herr M. Johann Alexander Döderlein, bestmeritirter Rector in Weissenburg, folgendes Sentiment von besagten Characteren eingesandt: Es meldet ein gewisser, und in den Antiquitaeten des Nortgaues nicht unerfahrner Scribent, daß in ganz Deutschland nirgendswo, in einem so geringen Bezirck von etlichem wenig Meilen, beyeinander, so viel Oerter anzutreffen, die so viel von teutschen antiquen Sachen zeigen, als am Haynen-Kamm, und an der Altmühle, als wo selbst der alten Teutschen fast älteste Wohnung, Vatterland, Heiligthum, und geweyhte Begräbnisse mögen gewesen seyn ꝛc. ꝛc. Welchem nach dann auch ein und andere Liebhaber der Antiquität sich eingefunden, welche in erwähntem Bezirck dergleichen aufzusuchen, und in genaue Betrachtung zu ziehen, nicht ermangeln wollen. Wenn nun unter dergleichen Betrachtungs-würdige Monumenta, einige, die an den alten Schlössern und Thürnen zu Cadolsburg und Stauff, in benachbarten Gegenden, wahrzunehmende sonderbahre Characteres referiren wollen; und in Consideration, daß solche mit den alten Runischen, oder auch Gothischen, Litern und Buchstaben, vor andern eine ziemliche Convenienz zu haben scheinen, es vor eine Runische oder Gothische Schreib-Art halten: So gestehe, daß ich, meines wenigen Orts bey Einsicht einer communicirten, aber etwas

crassen

craſſen, und nicht allzu accuraten, Abſchrifft beſagter Characteren, faſt in einige Verwunderung, ja bey nahe zu gleicher Opinion veranlaſſet werden, Geſtalten bekannt, wie die Gothen gegen Ende des V. Seculi in die teutſche Lande eingedrungen, die Donau paſſiret und mit denen Svevis, Hermunduris et Alemannis, wie bey Jornando de Gothorum rebus ad dict. ſec. und Cluverio Germ. Ant. Lib. III. c. XXIIX. §. IV. zu erſehen, ihr Heil verſucht. So weiß man auch zum Ueberfluß, daß von erwähntem Seculo an, die literae Gothicae oder Toletanae, wie ſelbige auch um dieſe Zeit genennet werden, in Gebrauch gekommen, wie mit mehreren der berühmte Struvius in Tr. de Criteriis MStorum. §. XIX. Faſcic. 1. Act. Litt. p. 22. belehret; bis endlich, um die Mitte des VI. Seculi, die Longobardiſche (von deren Figur nebſt erſt belobten Struvio l. c. §. XL Raym. Duellius in ſeinen Speciminibus veterum ſcripturarum ad Sec. IX, n. 8 zu conſuliren) beliebt worden. Welchermaſſen auch die Alt - fränckiſche und Chilpericiſche, wie nicht weniger die Alt - Sächſiſche Littern denen Run - und Gothiſchen nahe tretten, bezeugen nicht minder erſtgedachte Auctores, conf. Jo. Ge. Eccards monatlicher Auszug aus allerhand nützlichen Büchern, M. Sept. A. 1702, p. 3. ſq. und unſers Chriſtoph Wägemanns Druiden - Fuß am Hagnen - Kamm p. 4. Denne nach eben nichts abſurdes wäre, in denen Nordgaviſchen Gegenden Rumiſche oder Gothiſche (welche Wormius in antiq. Danicis p. 24 wohl diſtinguiret, et longe, wie ſeine Worte lauten, ante Ulphilae tempora à primis Chriſti Seculis in monumentis et cippis extare, bezeugt, conf. Elingius in Hiſtor. Gr. L. §. XVI. p. m. 56, H, El. Schedius in Syntag. de diis Germ.) Inſcriptiones und Schrifften zu behaupten. Jedoch dürffte es einigen ziemlich unwahrſcheinlich vorkommen, daß

oben

oben benannte Svevi, Hermunduri, und die mit ihnen vereinigte Alemanni denen Gothis in da mahligen Zeiten Platz und Zeit gelassen haben solten, Thürne und Schlösser in ihren Gräntzen zu erbauen, und ihr Angedencken bey uns, durch Inscriptiones zu verewigen. Geschweige, daß auch fast nicht glaublich, daß von dem Sec. V. VI VII. und VIII. da man, durch die eifrige Sorge des unvergleichlichen Kaisers Caroli M. zu einer bessern und zierlichen Lateinischen Schreib-Art wieder gelanget, wie mehr gedachter Scruvius l. c. §. 27. und mit ihm Hachenbergius. Germ. Med. Diss. VII. §. IX, de ling. veterum Germ. erwähnet, selbige Gebäude bis auf gegenwärtige Zeiten mit ihren Inscriptionibus conservirt werden mögen; ja wohl der Antiquität im Bau-Wesen nicht unerfahrne Leute sich finden, welche versichern, daß das starcke Gebäude zu Stauff über IV oder V, Sec. nicht stehe. Wie nun bey solchen differenten Gedancken allerdings zweiffelhafftig zu werden Ursach fande: so habe vor gut angesehen, der Form und Figur mehrgedachter, besonders der Cadolsburger, Characteren mich besser zu versichern, und von einer sichern, geschickten und accuraten Hand von neuem selbige sorgfältig abzeichnen, wohl distinguiren, und mir communiciren zu lassen. Da denn diejenige Form gefunden, welche in dem ersten Blat des andern Stücks unserer Nov. Lit. Franc. praesentiret wird. Wenn denn hierauf abermalen eine accurate Collation mit denen Alt-Run-Goth-Chilper-Longobard und Alt-Sächsischen Litern angestellt: so fande weit weniger Gleichförmigkeit, als vormalen, und siele endlich, nach verlassener voriger Opinion, auf die Gedancken, wo mit ich besser zu bestehen hoffe, daß wir uns nicht so wohl gewisser Litern, und üblichen Schreib-Art, als gewisser Marquen, Zeichen und Characteren und zwar von Steinmetzen, Steinhauern und Maurern,

rern, zu versichern haben. Allermassen ja bewust, daß die Steinmetzen und Maurer bey des Meister und Gesellen, in alten nicht
minder als in neuen Zeiten, die Gewohnheit gehabt, auch noch
haben und practiciren, die behauene Steine mit gewissen Zeichen
und Marquen zu notiren, zu bemercken, ja wohl auch ihre Arbeit badurch zu distinguiren, und durch mancherley dergleichen
von ihnen erkiesle Signa, gleichsam als durch Symbola ihren Namen und Angedencken bey den Ihren zu conserviren: wie etwan ho-
norable Personen durch Infignia und Wappen sich zu distinguiren,
und daburch sich und ihr Thun bekannt zu machen pflegen. Mit welch
meinem Sentiment verschiedene zu Rath gezogene Steinhauer und
Maurer sich conformiren, und daß ein solches je und allezeit üblich
gewesen, bestätigen; wie nicht weniger, daß auch zuweilen verschiedene Meister oder Gesellen ihre üblichen Zeichen ad sui memo-
riam einzuhauen pflegen. Welches diejenige, welche mit Untersuchung
alter Inscriptionum zu thun haben, wohl beobachtet, ja wohl man-
chen Schwührigkeiten damit zu statten kommen mügen. Insonderheit aber mag als ein besonderlicher Beweiß-Grund, daß die Cabolsburgische Characteres vor keine eigentliche Schreib-Art oder Schrifft,
woburch etwas sonderliches bewiesen und angezeiget werde, zu halten
seyn, folgendes dienen; daß unter allen angesetzten Characteren sich keiner
finde, welcher mit einem andern eine völlige Gleichförmigkeit hätte,
folglich auch mit einem andern von gleicher Potestät und Bedeutung
seyn könne. Nun wissen wir ja, daß nicht leicht in einer Sprache
(wo ich die Chinesische ausnehme, in deren Schreib-Art jede Characteres, wie die Signa der Chymicorum, Medicorum, etc. ganze
Worte bedeuten) 3 oder 4 Worte auf einander folgen, daß nicht ein
Consonans oder Vocal öffters auf einmal zu stehen komme, welches
aber bey unsern Characteribus nicht geschiehet, da doch deren bey 27.
sich unsern Augen darstellen. Dahero denn abermalen gründlich schlies-
se, daß unsere Cabolsburgische Characteres keine Schrift einer gewissen Sprache, sondern blosse Zeichen und Marquen der Steinme-
zen und Maurer exprimiren.

    Fast ein gleiches Sentiment wurde von dem renommirten An-
spachischen Rectore, Herrn Feuerlein, eingeschickt.

www.ingramcontent.com/pod-product-compliance
Lightning Source LLC
Chambersburg PA
CBHW031454160426
43195CB00010BB/972